Astrid Schreyögg

SUPERVISION

DIDAKTIK & EVALUATION

Integrative Supervision
in der Praxis

Junfermann Verlag • Paderborn
1994

Satz: adrupa Paderborn

CIP-Titelaufnahme der Deutschen Bibliothek
Schreyögg, Astrid:
Supervision – Didaktik & Evaluation /
Astrid Schreyögg. – Paderborn: Junfermann, 1994
ISBN 3-87387-114-9

NE:GT

ISBN 3-87387-114-9

Inhaltsverzeichnis

Einführung

Supervision wird im deutschsprachigen Raum seit ca. 30 Jahren immer häufiger praktiziert. In diesem Zeitraum erschienen eine Vielzahl von Publikationen, und anläßlich von Tagungen, Symposien usw. referierten unterschiedliche Autoren zu diesem Gebiet. Bis heute konstituierten sich auch eine Vielzahl von einschlägigen Ausbildungsinstituten in privater und öffentlicher Trägerschaft, bis hin zu Universitäten, die supervisorische Kompetenzen aus je unterschiedlicher Schulenperspektive zu vermitteln suchen.

Dabei blieb allerdings die jeweils unterlegte Ausbildungsdidaktik meist gar nicht oder nur vage umschrieben. Und die Wirkungen der Lehre, bzw. die Effekte eines jeweiligen supervisorischen Ansatzes bei Supervisanden oder bei Supervisionsausbildungskandidaten, wurden bislang noch gar nicht untersucht. So stehen also präzise Aussagen zur Didaktik von Supervision bisher noch aus. Und es fehlen empirische Untersuchungen, die belegen könnten, ob eine jeweilige Ausbildung bei den Ausbildungskandidaten die explizit oder implizit postulierten Effekte erbringt, oder genereller, ob sie überhaupt Effekte hat.

Mit vorliegendem Beitrag soll diese Lücke geschlossen werden. Erstmalig im deutschsprachigen Raum wird hier ein Ansatz zur Supervisionsdidaktik mit einer entsprechenden empirischen Evaluation vorgelegt.

Auf dem Hintergrund „Integrativer Supervision" ist zunächst ein didaktisches Konzept zu entfalten, so wie es für die Lehre des Ansatzes maßgeblich ist. Daran anschließend wird ein Versuch zur empirischen Evaluation des Ansatzes demonstriert.

Das Ziel der Arbeit besteht zum einen darin, das didaktische Konzept eines spezifischen Supervisionsansatzes, nämlich der „Integrativen Supervision", zu präzisieren und seine Effekte zu überprüfen. Vorliegende Arbeit will aber auch einen Beitrag zur Supervisionsforschung insgesamt leisten.

Das Buch ist in drei Teile gegliedert. Im ersten findet sich eine knappe Darstellung des zu vermittelnden Supervisionsmodells. Dies wird hier allerdings nur insoweit rekapituliert, als es zum Verständnis der weiteren Abschnitte notwendig ist. In unmittelbarer Relation zum basalen Konzept wird im zweiten Teil der didaktische Ansatz entfaltet. Der dritte Teil beinhaltet dann Versuche zur empirischen Evaluation dieser Didaktik.

Bei der „Integrativen Supervision" handelt es sich um ein Supervisionsmodell, das seit 1972 aus Weiterbildungsaktivitäten des FPI (Fritz Perls Institut, Düsseldorf) bzw. der EAG (Europäische Akademie für psychosoziale Gesundheit) entwickelt wurde. Die erste Supervisoren-Ausbildung fand, als „Ausbildung zum Systemsupervisor", 1974, in einer erweiterten Form seit 1978 statt, und ab 1983 wurde sie in Österreich erstmalig als dreijähriges Curriculum gelehrt. Seitdem dehnte sich die Lehre von Integrativer Supervision auf fünf europäische Länder aus: die BRD, Österreich, Italien, die Schweiz und die Niederlande. Dabei konstituierten FPI/EAG Ausbildungskurse in Zusammenarbeit mit unterschiedlichen Kooperationspartnern bis hin zu Universitäten, wie etwa in Amsterdam und Krems (vgl. SCHREYÖGG 1991a).

Seit 1991 liegt das Konzept der Integrativen Supervision in Lehrbuchform vor. Es ist ein theorie- und methodenpluraler Ansatz, der über eine spezifische, eben „integrative", Modellkonstruktion mit einer expliziten „Wissensstruktur" verfügt (SCHREYÖGG 1991a). Gleichlaufend mit der Konzeptionalisierung des Modells entwickelte sich auch seine Didaktik, d.h. die Lehre wurde in unmittelbarer Relation zum Ansatz entfaltet.

So wie das Supervisionsmodell durch seinen integrativen Charakter als „offenes" Konzept beschrieben wird, ist auch seine Didaktik als offenes Konzept gedacht. Das bedeutet, neue sozialwissenschaftliche Entwicklungen und Innovationen in den jeweiligen Anwendungsfeldern von Supervision müssen sich im Verlauf der weiteren Entwicklung auch in Revisionen des Ansatzes und seiner Didaktik niederschlagen. Bei der hier vorgelegten Supervisions-Didaktik handelt es sich also um eine didaktische Grundstruktur, die immer wieder nach Ansprüchen von Anwendungsfeldern und nach Ansprüchen neuer sozialwissenschaftlicher, politischer usw. Entwicklungen zu revidieren oder zu erweitern ist.

Die vorliegende empirische Evaluation stellt eine erste Bestandsaufnahme von konzeptspezifischen, didaktischen Effekten im Zeitraum von 1986 bis 1992 dar. Dabei wurden durch einschlägig ausgewiesene Ausbilder von FPI/EAG 145 Personen befragt. Sie begegneten dem Ansatz bzw. seiner Lehre entweder langfristig, als Ausbildungskandidaten für Supervision, kurzfristig in Spezialseminaren für Supervision, als Supervisanden, oder als „Experten für

Supervision“ bei „Expertenratings“. Und wie bei der Didaktik auf Kompatibilität zum Ausgangskonzept Wert gelegt wurde, war es auch ein Anliegen, die empirische Evaluation mit dem Ansatz und seiner Didaktik kompatibel zu gestalten.

A. Das Modell „Integrative Supervision“

In diesem Abschnitt sei zunächst das supervisorische Handlungsmodell, um dessen Didaktik und Evaluation es im weiteren geht, kurz vorgestellt (vgl. SCHREYÖGG 1991a). Zu Beginn sollen wesentliche modelltheoretische Voraussetzungen, anschließend das eigentliche Modell erläutert werden.

I. Modelltheoretische Voraussetzungen

Den Ausgangspunkt des Ansatzes bildet eine Gegenstandsbestimmung von Supervision. Aus ihr ergibt sich, daß Supervisionsmodelle theorie- und methodenplural angelegt sein müssen. Anhand einiger kurzer Ausführungen zur „Ethik von Supervision“ wird aber deutlich, daß diese Pluralität nicht beliebig, sondern anthropologisch begründet sein muß.

1. Der Gegenstand von Supervision

Die entscheidende Basis für die Konstruktion eines supervisorischen Ansatzes bildet die Bestimmung des Gegenstandes von Supervision.

Die Beratungsform „Supervision“ ist thematisch auf die berufliche Praxis von Supervisanden gerichtet (BELARDI 1992). Sie hat das Ziel, diese Praxis in pragmatischer und ethischer Hinsicht zu verbessern.

Anhand dieser globalen Bestimmung läßt sich fragen:

- Welches sind die speziellen Themen von Supervision, und
- wie ist der supervisorische Beratungszusammenhang genauer zu charakterisieren?

1.1. Die Themen von Supervision

Die Themen von Supervision ergeben sich aus den Konstituenten beruflicher Praxis.

Als „berufliche Praxis“ sind in supervisorischen Zusammenhängen professionelle Interaktionen zwischen Supervisanden und Klienten in einem institutionellen Rahmen zu bezeichnen.

Dabei benötigt der Supervisand, als „Fachperson“, für sein Handeln gegenüber dem Klienten zunächst Deutungs- und Handlungsmuster, die an irgendeinen konzeptionellen Ansatz angebunden sind. Als solche lassen sich spezifische Diagnosen und methodische Maßnahmen bezeichnen. Diese verwendet der Supervisand dann „planmäßig“.

Als Mensch wird der Supervisand darüber hinaus oft auch *nicht* planmäßig deuten und handeln, d.h. in jede Interaktion mit seinen Klienten fließen auch nicht-planmäßige Muster ein. Sie resultieren aus den historischen Erfahrungen des Supervisanden, also aus seiner „Horizontstruktur" (GRAUMANN/METRAUX 1977). Sie resultieren aber auch aus dem aktuellen interaktiven Geschehen mit dem Klienten. Das sind dann einerseits etwa Übertragungs-/Gegenübertragungsmuster oder andere lebensweltlich erworbene Typisierungsschemata (BERGER/LUCKMANN 1966), und andererseits z.B. beidseitig entwickelte Rollendefinitionen (MEAD 1973).

Interaktionen von Supervisanden mit Klienten finden nun aber nicht in einem Vakuum statt, sondern als professionelle Interaktionen stehen sie immer in einem institutionalisierten Kontext. Dieser besteht heute meistens in einem organisatorischen System. Dies definiert durch seine formalen Strukturmuster die Funktion und Position des Supervisanden gegenüber dem Klienten, aber auch gegenüber Kollegen, Vorgesetzten usw. (KIESER/KUBICEK 1983). Organisatorische Systeme weisen allerdings neben formalen Mustern immer auch informelle auf. Wir können „politische Prozesse" (ALLISON 1976), bestimmte kulturelle Muster (SCHEIN 1984), organisatorische Entwicklungsprozesse (TÜRK 1989) usw. feststellen. Von diesen ist ein Supervisand, als Organisationsmitglied, fast automatisch erfaßt.

So wird das konkrete Deuten und Handeln von Supervisanden im gesamten Praxiszusammenhang also hochgradig durch diesen institutionalisierten Kontext mitbestimmt, d.h. seine formalen und informellen Besonderheiten. Zumindest über die Person des Supervisanden, oft auch die des Klienten, wirken diese organisatorischen Muster auf die konkreten Praxisinteraktionen ein.

Als potentielle Themen von Supervision kommen nun alle diese Bestimmungsmerkmale von Praxis in Frage, so wie sie sich in der Person des Supervisanden manifestieren. Das sind dann die planmäßigen und nicht-planmäßigen Deutungs- und Handlungsmuster von Supervisanden gegenüber Klienten und gegenüber dem Kontext. Als „praxisrelevante" Muster des Supervisanden stellen sie die potentiellen Inhalte supervisorischer Veränderungsarbeit dar.

1.2. *Supervision als Beratungsform*

Bei der Bearbeitung dieser Themen ergeben sich nun unterschiedliche Beratungsaufgaben in der Supervision:

Alle planmäßigen Muster von Supervisanden gegenüber Klienten, die einer rationalen Reflexion zugänglich sind, bedürfen zu ihrer Bearbeitung des rationalen Dialogs zwischen Supervisor und Supervisand. Es handelt sich dann um „kognitiv orientierte Fachberatung" im Hinblick auf die Klientenarbeit.

Die nicht-planmäßigen Muster gegenüber Klienten lassen sich aber nicht über rationale Dialoge verändern. Als prärationale Muster des Supervisanden sind sie sinnvollerweise mit psychotherapie-orientierten Arbeitsweisen anzugehen. In solchen Fällen ist Supervision „psychotherapie-ähnliche Beratung" im Hinblick auf die Klientenarbeit.

In vielen Fällen kann es sich nun als notwendig und aussichtsreich erweisen, daß der Supervisand über Veränderungen seiner Muster auch Determinanten des Kontextes korrigiert. In solchen Fällen ergeben sich in der Supervision gelegentlich sogar Aufgaben von *„Organisationsberatung" (SCHREYÖGG 1991b, 1993).*

Supervision ist nun aber auch wieder institutionalisierte Praxis, d.h. auch sie steht in einem kontextuellen Rahmen. Dieser bestimmt seinerseits die Interaktion zwischen Supervisor und Supervisand planmäßig wie nicht-planmäßig.

Je nachdem, wieviele Supervisanden an der Supervision teilnehmen, und ob die supervisorische Situation in einem Ausbildungsinstitut, in einer Klinik usw. stattfindet, färben sich nicht nur die aktuell im Vordergrund stehenden Themen ein, sondern auch die Beziehungen zwischen Supervisor und Supervisand, wie auch die unter den Supervisanden.

Um alle supervisorischen Situationen mit ihren je spezifischen Beziehungen und Themen, in ihrem jeweiligen Kontext, angemessen zu „beantworten", benötigt nun auch der Supervisor, als professioneller Aktor, planmäßige Deutungs- und Handlungsmuster, die auf dem Hintergrund eines konzeptionellen Ansatzes stehen. Er braucht also ein supervisorisches Modell mit einem entsprechenden Fundus von Theorien und Methoden, an denen er sein Handeln ausrichten kann.

2. Zur Theorie- und Methodenpluralität in der Supervision

S.15

Anhand der soeben beschriebenen Gegenstandsbestimmung ergibt sich aber nun, daß ein Supervisionsmodell, das solche Breite abzudecken sucht, eine Vielzahl von Theorien und Methoden beinhalten muß; denn zur Diagnose aller genannten Praxisphänomene und zur diagnostischen Strukturierung aller situativen Erscheinungen der Supervisionssituation reicht ein einziges Theoriekonzept nicht aus. Und zur Bearbeitung der Supervisandenpraxis sowie zur Handhabung der supervisorischen Situation müssen zahlreiche Methoden zur Verfügung stehen.

Theorie- und Methodenpluralität ist also schon aus pragmatischen Gründen relevant. Sie ist aber auch deshalb von Bedeutung, weil mit jeder Theorie und mit jeder Methodik, zumindest implizit, unterschiedliche Normen bzw. anthropologische Prämissen transportiert werden. So resultiert etwa aus der ausschließlichen Verwendung von Übertragungs-/Gegenübertragungsansätzen automatisch eine Perspektivität von Supervisor und Supervisand, die auf interaktive Phänomene gerichtet ist. Systemphänomene in organisatorischen Zusammenhängen können auf diese Weise nicht strukturiert werden. Hier müssen dann Ansätze mit einer anderen sozialwissenschaftlichen Paradigmatik, nämlich systemische Konzepte, herangezogen werden.

3. Zur Ethik von Supervision

Diese Theorie- und Methodenpluralität kann aber nun nicht beliebig sein; denn unterschiedliche Theorien und unterschiedliche Methoden unterlegen je verschiedene anthropologische Konzepte, die ein mehr oder weniger reduziertes oder verzerrtes Verständnis von Mensch-Sein, menschlichen Beziehungen usw. beinhalten. Zur Bewertung, welche Theorien und welche Methoden in ein Handlungsmodell aufgenommen werden sollen, bedarf es einer Ethik, d.h. eines Satzes von grundlegenden anthropologischen Prämissen.

Sie bilden dann allerdings nicht nur einen Rahmen für Entscheidungen, welche Theorien und welche Methoden innerhalb des Ansatzes verwendet werden sollen, sie bilden auch die Grundlage für Auseinandersetzungen über ethische Fragen in konkreten Supervisionssituationen.

Supervision hat nämlich eine prinzipiell kritische Funktion, d.h. sie untersucht bestehende Praxis im Hinblick darauf, wie sie „besser“ als bisher zu realisieren ist. Diese kritische Funktion muß aber nun in zweifacher Weise wahrgenommen werden (HÖFFE 1979):

- Die Aufgabe von Supervision besteht einerseits darin, kritisch zu untersuchen, ob realisierte Praxis in pragmatischer Hinsicht „erfolgreich“ war oder ob sie
- in ethischer Hinsicht „richtig“ ist, ob also die Integrität von Handlungspartnern gewahrt ist.

Bei der hier unterlegten Ethik handelt es sich allerdings nicht um eine Prinzipien- oder Maximenethik, bei der durch vorformulierte Regeln jede ethisch relevante Situation leicht und griffig bewertet werden kann. Sie bezieht sich vielmehr auf die moderne Moralphilosophie, bzw. die „kommunikative Ethik“ (HABERMAS 1981, APEL et al. 1984 u.a.), bei der komplexe Prozesse von Wertentscheidungen auf einem breiten Erkenntnishorizont vorgesehen sind. In diesem Verständnis muß jede ethisch relevante Situation erst in einem umfassenden Dialogprozeß auf all ihre Implikationen untersucht werden (SCHREYÖGG 1991a).

Hierbei ist es dann wesentlich, daß der Supervisor durch seine eigene, möglichst breite Horizontstruktur den Dialog über ethische Fragestellungen anzuregen und zu fördern vermag. Solche Horizontstruktur mit ihren jeweiligen ethischen Entscheidungsmöglichkeiten soll im folgenden Exkurs anhand eines heute oft strittigen Themas, nämlich „love in the office“, kursorisch exemplifiziert werden.

Exkurs (1): „love in the office“

Zu dieser Thematik ist zunächst ein historischer, bzw. wissenssoziologischer Rahmen für unterschiedliche Formen von Liebe zu entfalten, sodann das Verhältnis von Liebe und Arbeit in modernen Gesellschaften zu klären. Daran anschließend wollen wir die unterschiedliche Bedeutung von Liebesphänomenen in institutionellen Zusammenhängen und in unterschiedlichen Arbeitsfeldern beleuchten. Den Abschluß bilden Anregungen, wie die ethischen Aufgaben des Supervisors im Hinblick auf „love in the office“ aussehen können.

(1) Varianten des Liebesbegriffes

Wenn in der Supervision „Liebe" thematisiert und auf ihre ethischen Implikationen reflektiert werden soll, muß zunächst geklärt sein, auf welche Phänomene sich die Erörterung im einzelnen bezieht; denn unterschiedliche Epochen haben je unterschiedliche Begrifflichkeiten von Liebe hervorgebracht (ELIAS 1976), die bis heute in verschiedenen Kulturen oder Subkulturen eine Rolle spielen. Je nach ihrem historischen Kontext weisen sie je unterschiedliche Relationen zu Sexualität, Freundschaft und Ehe auf.

Die historisch älteste Form begegnet uns im griechischen *Eros.* Abgesehen von frühen mythologischen Formen, wo ihm eine geradezu kosmische Dimension zugesprochen wurde, gestaltete sich Eros in der Hochantike als homosexuelle, genauer gesagt, päderastische Liebesform aus. In dieser asymmetrischen Relation förderte ein älterer Mann einen jüngeren. Diese Interaktionsstruktur dient übrigens bis in die Neuzeit auch als Folie für heterosexuelle Beziehungen, in denen ein „erfahrener" Mann eine junge „unerfahrene" Frau zu fördern sucht (BÖHME 1985). Schon im „Symposion" von Platon wird die spezifische Riskanz dieser Liebesform thematisiert: Wenn der vordergründig dominante, der werbende Partner vom Umworbenen nicht erhört wird, entsteht umgekehrte Asymmetrie, d.h. der ältere „verzehrt sich vor Sehnsucht". Wenn der jüngere den Werbungen, besonders in sexuellem Sinne nachgibt, wird er zum „gefallenen Engel"; denn die Bedeutung von Eros liegt im Lieben selbst und nicht in der Erfüllung. Diese Liebesform ist also nicht primär sexuell gedacht, sie besteht eher „im Spielen mit dem Feuer". Als dauerhaft unerfüllte Haben-Relation dient sie vielmehr als Motor für überdurchschnittliche Leistungen künstlerischer oder sonstiger Art. Durch ihren unerfüllbaren Charakter ähnelt sie inzestuösen Relationen und befördert eine Vielzahl gegenseitiger Projektionen, die bis zu grotesken Formen der Wahrnehmungsverzerrung reichen können (PAGES 1968).

Ein ganz anders gelagerter Liebesbegriff begegnet uns in der christlichen *„Agape"*. Seine etymologische Bedeutung als „Gernhaben" signalisiert geringere Emotionalisierung als der Eros-Begriff. Agape resultiert aus der neutestamentarischen Tradition als „Gottesliebe", die sich in der Gestalt Jesu manifestiert. In der Nachfolge Jesu sollen Menschen „Hingabe an den nächsten" üben. Auch hierin grenzt sie sich deutlich vom Eros ab; denn der Hingebende soll nichts für sich selbst wollen. Agape ist dann nicht nur die Folie für die traditionelle Brüderlichkeitsethik, die in Dienstleistungen oder Almosen für andere ihren Ausdruck findet, sie bildete auch lange die Vorlage für das Ideal „weiblicher Hingabe“. Auch dieser Liebesbegriff ist grundlegend asymmetrisch gedacht und auch er birgt eine Reihe von Risiken; denn derjenige, der Almosen erhält, wird leicht zum Objekt. Er dient nämlich der Selbsterhöhung des Gebenden (BÖHME 1985). Als Vorbeugung gegen solche Phänomene wurde besonders im Pietismus die Selbsterniedrigung des Hingebenden gefordert, was allzu leicht paradoxe oder verwirrende Gefühle erzeugt. Die Amalgamierung mit Sexualität ist hier zunächst nicht vorgesehen. Wenn sie den Gebenden aber doch „überkommt“, geht sie mit besonders starken Selbstanklagen einher (LUHMANN 1982). Diese müssen aber immer geheimgehalten werden, weil schon der auslösende Affekt selbst „sündig“ war.

Das bevorzugte Liebensschema des Mittelalters ist die *„Minne“*. Wie Eros und Agape stellt auch sie ein Konzept dar, das nur in „höheren Kreisen“ relevant war. Ein Ritter oder Knappe bringt der Frau seines Lehnsherren seine Verehrung entgegen. Hier wird also die ranghöhere Frau vom rangniederen Mann verehrt. Aufgrund der basalen Konstellation muß auch diese Liebe von Anfang an unerfüllt bleiben, also eine „Liebe auf Distanz“ (BÖHME 1985). Sie beflügelt dann, wie beim Eros, den Ritter zu großen Taten. Es handelt sich aber gleichfalls um eine Haben-Relation, bei der sich der Ritter in den Augen seiner „Dame“ als mehr oder weniger großartig widergespiegelt sieht. Diese Relation bildet bis heute die Vorlage für „Ritterlichkeit“ von Männern gegenüber Frauen. Sie dient aber auch als Folie für „Schwärmereien“ rangniedriger Männer gegenüber ranghöheren Frauen. Wenn es hierbei entgegen den Spielregeln doch zur Sexualität kommt, rückt auch solche Relation in die Nähe des Inzestes. Das wiederum wird als umso problematischer gewertet, je patriarchalischer das Umfeld ist; denn im Patriarchat sollte ja immer der Mann in der ranghöheren Position sein.

Bei Leidenschaft oder *„Passion“* (LUHMANN 1982) handelt es sich um eine relativ junge Variante des Liebesbegriffes. Sie entstand in der Romantik. Nach dem Rokoko, in dem Liebe und Sexualität oft getrennt wurden, z.B. neben der Ehe planmäßig außereheliche Beziehungen üblich waren, finden wir in der Romantik nun eine Bündelung intimer Phänomene, d.h. Freundschaft und Sexualität sollen in die rechtlich legitimierte Form der Ehe münden. Im Gegensatz zu den bisher beschriebenen Liebesbegriffen ist sie nicht mehr

Privileg höherer Stände, sondern gleichlaufend mit der „Entdeckung individueller Subjektivität" einerseits und der zunehmenden Vergesellschaftung des einzelnen andererseits soll sie jedem Menschen maximale Intimität garantieren. Als grundlegend demokratisierte und symmetrische Liebesvariante treffen zwei Menschen aufeinander, um ihre existentielle Einsamkeit zu überwinden. Sie suchen im anderen maximale Verständigung, bzw. sie steuern sich auf ein selbstreferentiell entwickeltes Extremmaß von Intersubjektivität ein. Das Risiko dieser Liebesform liegt fraglos in ihrer emotionalen und privatistischen Überfrachtung, die dann auch noch in einem rechtlich legitimierten Rahmen, also in der Ehe, realisiert werden soll. Die „romantische Liebe" ist so immer von Enttäuschungsreaktionen des einen oder anderen Partners bedroht. Wenn sich nämlich der zuerst geteilte Sinn als doch nicht so umfassend oder dauerhaft wie gewünscht erweist oder er vorher zu stark projektiv überinterpretiert wurde, treten jetzt umso stärkere Einsamkeitserfahrungen in den Vordergrund. PAGES (1968) postuliert, „wahre Liebe" könne ohnedies erst entstehen, wenn jeder der Partner seine eigene Einsamkeit akzeptiert und dann zum anderen, als ebenfalls Einsamen, ein solidarisches Verhältnis aufbaut.

Neuerdings finden wir eine Reihe emotionaler Verflachungen, die sich in Begriffen wie *„Beziehung"*, *„Beziehungskiste"* usw. verdichten lassen. Sie entstanden vermutlich einerseits als Antwort auf die Riskanz der romantischen Liebe, andererseits aus der modernen Liberalisierung von Sexualität, aber auch als Konsequenz zunehmender Vereinnahmung des Menschen durch versachlichte Lebenswelten.

(2) Zum Verhältnis von Liebe und Arbeit

„Liebe" einerseits und „Arbeit" andererseits müssen wir als zwei unterschiedliche anthropologische Kategorien begreifen.

Liebe ist, wie wir gesehen haben, in all ihren historischen Begrifflichkeiten als emotionales Phänomen charakterisiert. Sie weist, abgesehen von der klassischen Agape, immer Aspekte von Gefühlseskalationen auf. In der heute am weitesten verbreiteten Form, der romantischen Liebe, bildet sich eine Intimitätsdichte, die automatisch andere ausschließt. Und in sexualisierten Varianten von Eros, Minne oder Agape tritt zu dem exklusiven Charakter meist noch die Tabuisierung, bzw. das Verbergen der Liebe vor anderen hinzu.

„Arbeit“ dagegen bezeichnet strukturiertes Tätigsein. Sie fordert dem einzelnen Disziplin, oder zumindest Selbstbedrängnis ab. Ihrem Ursprung nach steht sie nicht auf der Basis tiefer Gefühle, sondern auf dem Boden von Gefühlsregulationen. Und sie findet in „organisierten Gesellschaften“ (WILLKE 1989) zumeist in organisierten Systemen statt, die vom einzelnen grundsätzlich das Primat von Rationalität einfordern. Gefühlsmäßige Regungen sind dann nur insoweit akzeptabel, als sie die Aufgabenerfüllung nicht beeinträchtigen (WEBER 1921).

Es läßt sich behaupten, daß Liebe und Arbeit heute geradezu entgegengesetzte anthropologische Phänomene darstellen. So ist es nur konsequent, wenn Liebe am Arbeitsplatz immer die Möglichkeit irgendwelcher Formen von Irritation bei den Liebenden und den anderen erzeugt. – Trotzdem ist in einer Arbeitsgesellschaft (ebenda) gerade der Arbeitsplatz der Ort, wo sich die meisten Liebesbeziehungen anbahnen. In diesem Zusammenhang drückt sich eine generelle Paradoxie moderner Gesellschaften aus. „Love in the office“ läßt sich dann auch als grundlegende Form des Widerstandes von Menschen gegenüber versachlichten Lebenswelten begreifen.

(3) Liebe in institutionellen Zusammenhängen

Wir hatten gesehen, daß es sich bei Liebesphänomenen um „Codierungen von Intimität“ (LUHMANN 1982) handelt. So steht sie prinzipiell im Widerspruch zu sozialen Systemen, d.h. die Liebenden schließen implizit die anderen aus. In institutionalisierten Zusammenhängen stellt sich dieses Faktum noch drängender: die Liebenden sondern sich aus dem rationalisierten Ensemble durch ihre emotional fundierte Zweisamkeit ab.

Auf diesem Wege werden sie automatisch zu Protagonisten einer „emotionalen Subkultur“, was immer in das Gesamtsystem „abstrahlt“. Plötzlich „blühen“ nämlich auch bei den anderen die Emotionen auf, die sie oft nur mühsam im Zaun gehalten hatten. Es entwickeln sich allerlei „Eifersüchteleien“ und „Verdächtigungen, was sich die beiden wohl in ihrer Intimität gegen die anderen ausbraten“. Solche Emotionen bleiben aber im allgemeinen verdeckt, d.h. sie manifestieren sich nur hinter dem Rücken der Liebenden; denn „man“ möchte ja vermeiden, sich offen als eifersüchtig zu zeigen usw. So entsteht in Systemen prinzipiell eine „besondere“

Interaktionsdynamik zwischen den Liebenden und den übrigen Systemmitgliedern, die nicht selten paranoide Akzente aufweist.

Nun finden wir allerdings in unterschiedlichen Organisationen oder Organisationstypen eine je unterschiedliche Bewertung von Liebesbeziehungen, aber auch unterschiedliche Formen von Liebe. Man kann sogar behaupten, daß in jeder „Organisationskultur" andere Muster üblich sind. So begegnen uns etwa in bürokratischen Institutionen wie etwa Verwaltungssystemen, notorisch tabuisierte Formen. Jeder weiß, daß auch hier Liebe am Arbeitsplatz üblich ist, sie wird aber nur „hinter verschlossenen Türen" verhandelt. In Organisationen mit „technizistischen" Kulturen, wie etwa der pharmazeutischen Industrie, bittet man die Liebenden offen, sich getrennt in neue Abteilungen zu begeben. In manchen Organisationen dagegen, die stark emotionalisierte Kulturen ausgebildet haben, wie es oft bei therapeutischen Fort- oder Ausbildungsinstituten zu beobachten ist, wird jede neue Liebesbeziehung sogar übermäßig enthusiastisch gefeiert.

Bei Liebesbeziehungen am Arbeitsplatz ist von besonderer Bedeutung, in welcher Rollenkonstellation sich die Liebenden begegnen. Die Komplikationen sind vergleichsweise gering, wenn sie beide „noch zu haben sind". Problematischer stellt sich die Lage, wenn ein Partner verheiratet ist. In kirchlichen Tendenzbetrieben stellt Ehebruch einen fristlosen Kündigungsgrund dar. Solche Regelungen eröffnen den übrigen Systemmitgliedern automatisch einen Raum für „Erpressungen" der Liebenden. Solche Situationen führen aber oft auch zu Loyalitätskonflikten der Systemmitglieder gegenüber Trägervertretern, wenn sie als Kollegen von der Liebesbeziehung Kenntnis haben. Innerhalb des betreffenden Sozialsystems werden sich jedenfalls eine Vielzahl von Beunruhigungen ergeben, denn solche Beziehungen erhalten immer den Odem des „Illegitimen".

Eine besondere Variante von „love in the office" finden wir bei Liebe zwischen Vertretern verschiedener hierarchischer Ebenen. Handelt es sich bei Liebe auf gleicher hierarchischer Ebene häufiger um Formen „romantischer Liebe", begegnen wir bei Relationen aus unterschiedlichen Hierarchieebenen meistens den anderen Formen. Wenn sie sexualisiert sind, werden sie von den Systemmitgliedern vielfach in die Nähe des Inzests phantasiert und als „illegitime Bündnisse" gewertet. Sie stellen prinzipiell einen stärkeren Unruheherd dar als andere Liebesbeziehungen, weil sie in aller Regel besonders stark tabuisiert sind. Auch wenn sie in gleichgeschlechtlicher und nicht-sexualisierter Form praktiziert werden, geben sie Anlaß zu vielfältigen Verdächtigungen und Intrigen. So kann etwa die besondere Förderung, die das Vorstandsmitglied einer Bank, im Sinne von Eros, einem Mitarbeiter, der drei Ränge unter ihm angesiedelt ist, zukommen läßt, umfassenden Neid bei den Kollegen des Mitarbeiters erzeugen. Hier kommt es nicht selten zu verdecktem Boykott, so daß der Geförderte gar nicht umhin kann, den oder die Boykottierenden beim „hohen Herrn anzuschwärzen", dadurch wird er dann als „Denunziant" gebrandmarkt usw.

Es wäre allerdings ein Irrtum anzunehmen, daß nur als „illegitim" empfundene Beziehungen Belastungen für organisatorische Zusammenhänge darstellen. Oft gereichen gerade die durch Ehe legitimierten Relationen Systemmitgliedern „zur Plage". Ein ewig „clinchendes Pärchen", ein „ständig eifersüchtiger Ehemann" oder auch ein Paar, das bei allen Kontroversen zusammenhält usw., lassen Peinlichkeiten oder Verdächtigungen entstehen. Ehepaare am Arbeitsplatz erzeugen oft noch stärker als Liebespaare durch ihren schon erworbenen, hohen Intimitätsgrad bei den anderen Systemmitgliedern „chronische" Irritationen.

(4) Liebe in unterschiedlichen Arbeitsfeldern

Nun wurde schon oben deutlich, daß Liebesphänomene in unterschiedlichen Organisationstypen eine je unterschiedlich „irritierende" Bedeutung erhalten und auch unterschiedlich ungünstige Konsequenzen für das Gesamtsystem haben, insbesondere, wenn sie zwischen unterschiedlichen hierarchischen Ebenen stattfinden.

Prekär werden Liebes-Relationen, insbesondere solche mit sexuellem Charakter, in Organisationen agogischer Arbeitsfelder. Hier finden wir ja prinzipiell zwei organisatorische Subsysteme, eines der professionellen Mitarbeiter und eines der „Klienten", von denen das professionelle auf die Klienten günstig einwirken soll. Wenn nun ein Vertreter des professionellen Subsystems zu einem Vertreter des Klientensystems eine sexuell eingefärbte Liebesbeziehung entfaltet, handelt es sich grundsätzlich um eine illegitime Form. Die legale Basis aller dieser Relationen, die historisch als säkularisierte Formen der Agape entstanden sind, muß eine primär Gebende in dem Sinne sein, daß der Professionelle seine Bedürftigkeit gegenüber dem Klienten zu kontrollieren und einzudämmen hat. Wenn sich etwa gegenüber jungen Klienten eine sexualisierte Beziehung im Sinne von Eros entfaltet oder gegenüber Gleichaltrigen eine im Stile romantischer Liebe, hat der Professionelle sein berufliches Ziel an diesem Klienten verfehlt, d.h. er hat den Klienten für seine Belange ausgebeutet bzw. objektiviert.

Da Professionelle in aller Regel in der einen oder anderen Weise ursprünglich von den Klienten als idealisierte Eltern phantasiert werden, weisen solche Relationen alle Aspekte inzestuöser Relationen auf. Da agogische Beziehungen aber per definitionem als entsexualisierte Agape angelegt sind, werden sie von den betreffenden Professionellen meist besonders eifrig vertuscht. Die umfassendsten Vertuschungsstrategien nicht nur einzelner, sondern gesamter Kollektive finden wir dann dort, wo die Agape offiziell in ihrer reinsten Form propagiert wird, nämlich in kirchlichen Einrichtungen.

Solche Übergriffe lassen sich vermutlich am häufigsten in jenen Bereichen beobachten, wo qua Aufgabenerfüllung intensive Gefühlsbezüge zu den Klienten gefordert sind, wo der institutionelle Rahmen schwach ist und wo die Klientel ein ähnliches Alter aufweist wie die Professionellen. Das sind dann, wie sich auch neuerer Literatur entnehmen läßt (POPE/BOUHOUTSOS 1992 u.a.), „freie" psychotherapeutische Praxen.

Der Ausbeutungscharakter manifest sexualisierter Therapie-Relationen läßt sich nicht durch Beendigung der Therapie ungeschehen machen; denn die Beschädigung des Klienten ist meistens schon in seiner Genese angelegt und durch die therapeutischen Übergriffe nur noch zementiert worden. Im Verständnis von Agape stellen aber selbst sexualisierte Therapiebeziehungen ein Unding dar, bei denen es nicht zu manifester Sexualität gekommen ist; denn der Professionelle hat prinzipiell die Aufgabe, seine Bedürfnisse zu regulieren. Selbst Liebesbeziehungen, die erst nach Beendigung der Therapie aufgenommen werden, müssen als problematisch beurteilt werden; denn Eltern-Übertragungen erweisen sich in vielen Fällen als äußerst resistent, und so bilden sie meistens die Basis für eine gegenseitige Haben-Beziehung.

Das, was heute über sexualisierte Therapiebeziehungen schon umfassender erarbeitet wurde, gilt im Grundsatz auch für supervisorische. Auch hier finden wir nämlich immer, wenn auch mildere Formen unterschiedlicher Übertragungen, und auch diese Beziehung ist letztlich eine „Agape-Beziehung".

(5) Aufgaben von Supervisoren im Zusammenhang mit Liebesphänomenen in der Arbeit

Wie schon erläutert, läßt sich auch bei „love in the office" nicht immer gleich eine bündige ethische Bewertung vornehmen, mit einer Ausnahme: bei sexuellen Übergriffen von Professionellen auf Klienten. Aus allem bisherigen wurde deutlich, daß es sich hier regelmäßig um ethisch inakzeptable Haben-Beziehungen handelt. Komplizierter stellt sich die Bewertung schon bei „ehemaligen Klienten" und erst recht bei allen anderen derartigen Phänomenen, seien sie manifest sexualisiert oder nicht, seien sie zwischen Menschen gleichen oder anderen Geschlechts usw.

Hier muß dann oft erst eine umfassende, erlebnishafte Rekonstruktion der infragestehenden Beziehung unternommen werden. Dabei ist in einem multiparadigmatischen Verständnis nicht nur das Befinden der jeweiligen Individuen und ihre spezielle Rollenkonstellation zu untersuchen, sondern auch das Umfeld, in das die Beziehung eingebettet ist. Dann sind Organisationsstruktur und -kultur, die Kultur des Berufsfeldes, die möglichen Konsequenzen für die Systemmitglieder und andere Interaktionspartner zu betrachten.

Im Zuge der Rekonstruktion von Liebesphänomenen entfalten sich bei den supervidierten Personen eine Vielzahl von emotionalen Phänomenen, die ebenfalls Gegenstand des supervisorischen Dialoges sind. Aller Voraussicht nach sind diese am dichtesten, wenn der Supervisand selbst in ein hochgradig illegitimes Bündnis verstrickt ist oder sich gerade zu verstricken droht. In gravierenden Fällen widersetzen sich Supervisanden schon dem Aufdecken solcher Relationen, was gelegentlich sogar zum Abbruch der Supervision führen kann und damit zum Abbruch des Dialoges, in dem ethische Auseinandersetzungen stattfinden könnten. Aus diesem Grund sollten Supervisoren ihre diesbezüglichen Vermutungen immer so behutsam wie möglich artikulieren; denn derartige Vermutungen stellen nicht nur einen Angriff auf die professionelle, sondern auch die menschliche Kompetenz der Supervisanden dar. Mißbrauch in therapeutischen und besonders in pädagogischen Arbeitsfeldern ist auch für die Professionellen selbst meist hochgradig tabuisiert, so daß sie ihre diesbezüglichen Gefühle und Handlungen zu vertuschen oder zu beschönigen suchen.

Wenn es bei solchen illegitimen Bündnissen, in die der Supervisand selbst eingebunden ist, gelingt, einen Dialog über diese zu führen, ist auch wieder äußerste Sensibilität geboten. Da sich in solchen Fällen oft auch der „Täter" unglücklich und suchtartig an sein „Opfer" gebunden fühlt, muß es dann vorrangig darum gehen, den Supervisanden zu unterstützen, wie er die Relation für sich und das Opfer verantwortlich beenden kann. In Fällen, wo keinerlei Unrechtsbewußtsein besteht oder die Ereignisse nur beschönigt werden, sollten Supervisoren ihren Kontrakt beenden und sich an einschlägige Berufsverbände usw. mit der Intention wenden, daß dem „Täter sein Handwerk gelegt" werden soll. In manchen anderen Fällen müssen sich Supervisoren aber auch mit ihrer eigenen Ohnmacht arrangieren.

II. Ein Integrationsmodell für die Supervision

In diesem Abschnitt soll nun die Integrative Supervision in ihren relevantesten Teilen dargestellt werden. Der Ansatz enthält zwei hervorstechende Charakteristika:

- Er verfügt einerseits über eine explizite, weitgehend deduktive *Modellkonstruktion*, so wie sie in der einschlägigen Literatur für Anwendungsmodelle vorgeschlagen wird.

- Es handelt sich andererseits um ein Handlungsmodell, das wegen des komplexen Gegenstandes von Supervision, vielfältige Theorien und vielfältige Methoden unterlegt. Diese werden allerdings nicht etwa wahllos verwendet, sondern, im Rahmen der deduktiven Modellkonstruktion, zu einem in sich konsistenten Ansatz *„integriert"* (HERZOG 1982, TEXTOR 1988).

1. Die Konstruktion eines expliziten Handlungsmodells für die Supervision

Supervision ist, wie Pädagogik und Psychotherapie, angewandte Sozialwissenschaft (HERZOG 1982, HAGEHÜLSMANN 1984). Aus dieser Sicht werden Modellkonstruktionen benötigt, die über eine explizite Wissensstruktur mit folgenden vier Ebenen verfügen:

- Die Wissensstruktur muß zunächst Anweisungen darüber enthalten, welche methodischen Maßnahmen und prozessualen Regelungen der Supervisor verwenden soll. Das ist die *praxeologische Ebene* des Modells.

- Das methodische Handeln des Supervisors kann aber nicht wahllos erfolgen, sondern es ist an bestimmten Zielsetzungen orientiert, auf bestimmte Rekonstruktionsformen gerichtet, es soll bestimmte Wirkungen erzeugen, einen bestimmten Interaktionsstil unterlegen, und es muß Anweisungen zur Handhabung unterschiedlicher Situationen einschließen. Alles dies repräsentiert Wissen auf *supervisionstheoretischer Ebene.*

- Der Supervisor muß aber auch Ist- und Sollzustände theoretisch fassen, d.h. er braucht sozialwissenschaftliche Theorien zur

Strukturierung praktischer Themen und der Supervisionssituation. Das ist die *Theorie-Ebene* des Modells.

- Wie aber zur Ethik von Supervision schon erwähnt, stützt sich das Deuten und Handeln von Supervisoren immer auf anthropologische Prämissen, d.h. eine bestimmte Sicht vom Menschen, menschlicher Sozialität usw. Und natürlich wird ein Supervisor seinen eigenen Aktivitäten auch eine spezifische Perspektive von Arbeit und Institutionalisierungen unterlegen. Der Supervisor benötigt außerdem konzeptionelle Orientierungen, wie Praxisphänomene vom Supervisanden, die auch von ihm selbst erkannt werden können. Das sind erkenntnistheoretische Positionen. Dies alles bildet den Wissensbestand auf der *Ebene des Meta-Modells.*

Diese vier Ebenen sollten in einem deduktiven Zusammenhang stehen, d.h. von der Meta-Ebene ausgehend bis zur praxeologischen untereinander kompatibel sein.

Die beschriebene Grobstruktur des Modells ist nun inhaltlich zu füllen, und vor allem als „integrative" auszugestalten.

Auf der übergeordneten, der *meta-modelltheoretischen Ebene,* müssen zunächst, in begründeter Weise (LORENZEN 1975), anthropologische und erkenntnistheoretische Setzungen formuliert werden.

Art und Auswahl von sozialwissenschaftlichen Theorien, auf der *Theorie-Ebene,* bestimmen sich zum einen, ganz pragmatisch, nach der vorab entfalteten Gegenstandsbestimmung von Supervision. Sie macht die Verwendung einer Vielzahl von Theorien, also eines „Theorie-Universums" notwendig. Sie bestimmt sich aber andererseits ganz wesentlich nach den Prämissen des Meta-Modells.

Die *supervisionstheoretischen Variablen,* wie Zielsetzungen, Rekonstruktionsformen, Wirkungsfaktoren der Veränderung, der Interaktionsstil und die Handhabung unterschiedlicher Situationen müssen auch wieder in zweifacher Weise kompatibel sein: sie sind zum einen an den Erfordernissen zu orientieren, die der Gegenstand „Supervision" stellt. Sie sind zum anderen auf das Meta-Modell und die zu verwendende Theorie abzustimmen.

Zu den supervisionstheoretischen Variablen sind nun „passende" *methodische Maßnahmen* zu ermitteln. Wegen des breiten Gegenstandes von Supervision sind, schon aus pragmatischen Gründen, vielfältige Methoden relevant, also die Verwendung eines „Methodenuniversums". Diese können aber wieder nur dann integriert werden, wenn sie auch in normativer Hinsicht mit den drei vorhergehenden Ebenen kompatibel sind. Sie bedürfen weiterhin der Prüfung, ob sie untereinander in einem ergänzenden oder konkurrierenden Verhältnis stehen.

2. Die Wissensstruktur Integrativer Supervision

Im folgenden soll die Wissensstruktur des Modells kurz erläutert werden (vgl. SCHREYÖGG 1991a):

2.1. Das Meta-Modell

Die *anthropologischen Prämissen* des Meta-Modells, das explizit oder implizit jedem agogischen Ansatz zugrundeliegt, sollten menschliches Dasein immer so breit wie möglich erfassen. Das hier unterlegte Meta-Modell entstammt phänomenologischen Ansätzen, weil sie diese Anforderung derzeit am deutlichsten einlösen (GRAUMANN/METRAUX 1977, HERZOG 1984). Sie begreifen den Menschen grundsätzlich als Körper-Seele-Geist-Subjekt, also nie als „nur Körper" usw. Jede menschliche Erfahrung wirkt sich körperlich aus, und umgekehrt wirkt auch Körperliches auf seelische und geistige Vorgänge ein (SCHMITZ 1978). So kann sich auch supervisorische Arbeit nicht ausschließlich auf die intellektuelle oder ausschließlich auf die erlebnishafte Seins-Ebene zentrieren, sie muß immer wieder den Supervisanden als ganzen Menschen in den Blick bekommen. Sie muß auch der Tatsache Rechnung tragen, daß Rationales und Nichtrationales oft nicht scharf voneinander zu trennen sind, daß sie sich vielmehr durchdringen und ergänzen (MERLEAU-PONTY 1942, COENEN 1985).

Phänomenologische Modelle beinhalten auch eine anthropologische Sicht, die den Einzelnen als Individuum, als Interaktionspartner von anderen Menschen und als Teil von sozialen Systemen begreift, also alle Aspekte von Menschsein, die für die supervisorische Praxis relevant sind, miteinbezieht. Im Verständnis phänomenologischer Autoren resultiert das individuelle So-Sein eines Individuums aus allen seinen jemals gelebten Beziehungen und seinem Eingebundensein in soziale Kollektive (ebenda).

Wenn wir den Klienten oder Supervisanden in der Supervision einmal als einzelnen Menschen, einmal als Beziehungspartner und dann wieder als Teil von Systemen erfassen, akzentuieren wir jeweils nur unterschiedliche Ausschnitte seiner Existenz (LINSCHOTEN 1961). Ihn nur auf eine dieser Seins-Ebenen festlegen zu wollen, wäre eine reduktionistische Perspektive. So wäre es auch unangemessen verengend, wollten wir die Äußerungen von Klient wie Supervisand nur als aktuelle, allein durch den Kontext bedingte Phänomene begreifen, oder umgekehrt nur auf der Folie ihrer individuellen Genese.

Im hier unterlegten Verständnis ist es vielmehr so, daß sich historisch gespeicherte Erfahrungen und Determinierungen durch Aktuelles ergänzen und verschränken (ebenda). Im Verlauf der Supervision muß dann jeweils der eine oder andere Aspekt akzentuiert werden.

Über diese grundsätzlichen anthropologischen Orientierungen hinaus ergibt sich aus der modernen Phänomenologie auch ein für Supervision angemessenes Verständnis von Institutionen. Im Prozeß sozialen Lebens bilden sich wie selbstverständlich regelgeleitete Formen menschlichen Zusammenlebens. Diese sichern den Menschen. Durch ihren reglementierenden Charakter können sie ihn aber prinzipiell auch bedrängen. Der Einzelne befindet sich demnach immer in einem, zumindest latenten Spannungsverhältnis zwischen individuellen und kollektiven Ansprüchen (BERGER/LUCKMANN 1966).

Dies gilt auch für Institutionalisierungen der Arbeitswelt. Arbeit als eine Kategorie menschlicher Aktivität (BÖHME 1985), von vielen Autoren sogar als anthropologisches Bestimmungsmerkmal begriffen (HABERMAS 1968), steht auch in einem sozialen Kontext. Sie unterliegt ebenfalls Institutionalisierungen. Auch diese können vom Einzelnen als bedrängend erlebt werden, was um so eher der Fall ist, als Arbeit ohnedies immer Selbstdisziplin, also mindestens Selbstbedrängnis erfordert. Trotzdem findet aber gerade in Arbeitszusammenhängen umfassende Identitätsbildung statt (PETZOLD/HEINL 1983). So befindet sich also der Mensch auch gegenüber Arbeit und ihren institutionalisierten Sozialsystemen, den Organisationen, in einem prinzipiell ambivalenten Verhältnis zwischen Sicherung und Bedrängnis. Auch diese beiden Seiten muß Supervision, je nach Fragestellung, thematisieren können.

Im phänomenologischen Verständnis ist jede *Erkenntnis* an das erkennende Subjekt bzw. seinen jeweiligen Erkenntnishorizont und -standort gebunden (SCHÜTZ 1932). Es strukturiert seine Wahrnehmungen „gestalthaft", d.h. in Form von konfigurativen Mustern. Vielfältige Erkenntnis resultiert aus der laufenden Erweiterung des menschlichen Wahrnehmungs- und Erkenntnishorizontes und aus dem Einnehmen unterschiedlicher Standorte. Erkenntniserweiternd kann aber auch ein Dialog wirken, in dessen Verlauf sich zwei oder mehr Menschen ihre unterschiedlichen Perspektiven vermitteln (STRASSER 1962).

Supervision ist in diesem Sinne als spezifische Form des Dialoges zu begreifen. Supervisor und Supervisand vermitteln sich ihre unterschiedlichen, mehrperspektivischen Sichtweisen über einen Sachverhalt. Sie sind dabei erkennende Subjekte. Allerdings hat dieser Dialog nicht grundsätzlich eine symmetrische Form. Dem Supervisor kommt die Aufgabe zu, das Geschehen zu strukturieren, der Supervisand dagegen kann seinen Gefühlen und Interessen viel unkontrollierter freien Lauf lassen, um seine Anliegen einzubringen (SCHREYÖGG 1991a).

2.2. *Die Theorie-Ebene*

Auf dem Hintergrund dieses mehrperspektivischen Meta-Modells hat Theorie die Funktion der Strukturierungshilfe (BERGER/LUCKMANN 1966). Supervisor und Supervisand nehmen die infragestehenden Phänomene immer auf dem Hintergrund ihrer jeweiligen personalen Erfahrungen wahr und strukturieren sie nach den ihnen spontan verfügbaren Mustern; sie sollten aber, was letztlich eine besondere Aufgabe von Supervisoren als professionellen Dialogpartnern ist, auch Theorie zur Unterstützung des gemeinsamen Erkenntnisprozesses heranziehen.

Im Verständnis der hier unterlegten Modellkonstruktion sind das dann nicht ausschließlich Theorien zur Beschreibung individueller, interaktionaler oder systemischer Phänomene. Je nach dem in Frage stehenden Anliegen der Supervisanden müssen einmal Konzepte zur Erklärung individueller, einmal interaktionaler und einmal systemischer Phänomene herangezogen werden.

Diese multiparadigmatische Theorieverwendung ermöglicht unterschiedlichste Problemformulierungen in der Supervision. Wenn etwa bei der „Fallarbeit“ aktuelle oder historische Phänomene einzelner Klienten zur Sprache kommen, sind Theorien zu verwenden, die eben dies angemessen strukturieren können. Geht es um agogische Beziehungen, sind interaktionistische Modelle, wie etwa das Übertragungs-/Gegenübertragungsmodell oder das Konzept des „role taking“ von MEAD (1973) heranzuziehen usw.

Wenn es sich erweist, daß die professionelle Arbeit des Supervisanden durch den organisatorischen Kontext beeinträchtigt wird, erfolgt die Problemstrukturierung mit Hilfe entsprechender Organisationstheorien. Sie eröffnen dann einen Erkenntnishorizont, der die Situation des einzelnen Supervisanden oder Klienten sowie die gesamte professionelle Situation unter systemischen Perspektiven wahrnehmbar macht. Auf diese Weise erscheinen auch Besonderheiten des einzelnen Menschen sowie seine Interaktionen noch einmal in einem neuen Licht und fordern in der Supervision immer wieder neue Deutungsmöglichkeiten heraus.

Bei jedem theoretischen Ansatz, der für die Modellkonstruktion herangezogen wird, ist aber nun zu überprüfen, ob er überhaupt integrierbar ist, d.h. ob er mit den Prämissen des Meta-Modells in perfekter Übereinstimmung steht, nur begrenzt korrespondiert oder gar entgegengesetzte Prämissen unterlegt. Der Integration theoretischer Konzepte gehen also umfassende Prüfungen voraus (SCHREYÖGG 1991a).

2.3. *Die Supervisionstheorie*

Nun läßt sich fragen, welche Ziele Supervision in dieser Modellkonstruktion verfolgt, wie Praxisphänomene rekonstruiert werden, welcher Interaktionsstil Verwendung findet, welche Wirkungen beabsichtigt sind und wie aktuelle supervisorische Situationen gehandhabt werden.

Die (1) *„Zielstruktur“* Integrativer Supervision folgt in ihrer Gliederung den sozialwissenschaftlichen Paradigmen, wie sie auf Theorieebene formuliert sind, sie folgt inhaltlich den anthropologischen Prämissen des Meta-Modells. Diese Zielstruktur umfaßt drei Prinzipien:

- Auf individueller Ebene sollen einzelne Individuen, Klient wie Supervisand, in ihrer Entwicklung als Körper-Seele-Geist-Subjekte gefördert sowie personenimmanente Blockierungen aufgedeckt und beseitigt werden.

- Auf interaktionaler Ebene trägt Integrative Supervision der Tatsache menschlicher Bezogenheit Rechnung, indem sie konzeptionell und methodisch auf die Herstellung optimaler Beziehungen im Sinne von Subjekt-Subjekt-Relationen abzielt. Notorische Subjekt-Objekt- oder Objekt-Objekt-Relationen, also sogenannte Haben-Beziehungen, werden als defizitär diagnostiziert und bearbeitet.

- Auf systemischer Ebene zielt Integrative Supervision auf die Entfaltung sozialer Systeme, sowie auf die Beseitigung von Systemstörungen. Klient und Supervisand werden jeweils als Teile von Systemen erfaßt.

Besondere Bedeutung kommt in diesem Ansatz (2) der *Rekonstruktion* von Praxisphänomenen zu. Die hier vorgesehene Rekonstruktionsform ist als „szenische Rekonstruktion" (PETZOLD 1981) zu bezeichnen. Der Supervisor regt den Supervisanden dabei an, mit Hilfe erlebnisaktivierender Verfahren, ergänzend zu seinen verbalen Ausführungen, das Praxisereignis „plastisch" werden zu lassen. Wenn der Supervisand im Rollenspiel oder mit unterschiedlichen Medien eine Szene noch einmal aktualisiert, kann auch der Supervisor mit seinem Erleben viel umfassender an diesem teilhaben. Es evoziert in ihm vergleichbare Erfahrungen, die er nicht nur erlebnishaft in den supervisorischen Dialog einbringt, sondern die auch einen fülligeren Hintergrund für theoriegeleitete Problemformulierungen bilden. Die Rekonstruktion stellt also die Grundlage für den gemeinsamen Dialog dar.

Diese komplexe Form szenischer Rekonstruktionen steht auf dem Hintergrund unseres phänomenologischen Verständnisses. Der Supervisand artikuliert sein Anliegen, d.h. irgendeinen Sachverhalt seiner Arbeit auf der Basis seines je spezifischen Wahrnehmungs- und Strukturierungshorizontes. Dieser resultiert aus seinen bisherigen individuellen Lebens- und Arbeitserfahrungen, aus den theoretischen Zuordnungsmustern, die er in Aus- und Fortbildungen erworben hat, und aus Deutungsmustern seiner Arbeitswelt, d.h. den gedanklichen Rastern, mit denen dort üblicherweise Sachverhalte strukturiert werden.

Supervisanden aus dem psychotherapeutischen Bereich etwa neigen im allgemeinen dazu, dem Supervisor schon Problemstrukturierungen anzubieten, die nur auf der Folie ihres jeweiligen individualisierenden Verständnisses stehen. Ökonomen dagegen bieten häufiger Problemdefinitionen an, die aus faktizistischen Zuordnungsmustern gebildet wurden usw. Aus diesen Gründen ist es meist notwendig, die in Frage stehende Praxisthematik noch einmal differenziert zu rekonstruieren.

Die in diesem Ansatz postulierten (3) *Wirkungsmechanismen* bestehen in der Umstrukturierung und Erweiterung von Deutungs- und Handlungsmustern des Supervisanden. Im Verlauf von Rekonstruktionen finden häufig bereits spontane Umstrukturierungen von Deutungsmustern statt. Diese Muster können über „gezielte Veränderungsarbeit" auch gezielt weiter verändert werden. Wie wir auf der praxeologischen Ebene gleich zeigen werden, verfügt dieser Ansatz über eine Fülle von methodischen Maßnahmen, durch die gezielte Veränderungen von Deutungs- und Handlungsmustern der Supervisanden möglich sind.

Der (4) *Interaktionsstil* des Supervisors ist ganz wesentlich an dem Meta-Modell orientiert. Entsprechend den anthropologischen Prämissen zielt er auf einen Subjekt-Subjekt-Dialog, der aber als professioneller Dialog sequenzenweise asymmetrisch und, seitens des Supervisors, planmäßig gestaltet wird (SCHREYÖGG 1991a). Entsprechend den erkenntnistheoretischen Prämissen nimmt der Supervisor gegenüber jedem vom Supervisanden vorgetragenen Thema zunächst eine sogenannte natürliche Einstellung ein, um dann das ihm Begegnende versuchsweise gedanklich zu strukturieren (BLANKENBURG 1983). Im Verlauf von Rekonstruktionen entfaltet er eine variable Haltung zwischen Direktivität/Non-Direktivität und Symmetrie/Asymmetrie, je nachdem, ob es um planmäßige oder nicht-planmäßige Muster geht.

Jede Asymmetrie ist aber nur punktuell und kurzfristig. Selbst nach „psychotherapie-ähnlichen" Arbeitssequenzen stehen sich am Ende einer Sitzung, wenn das Erarbeitete strukturiert wird, beide Partner wieder symmetrisch gegenüber.

Bei der (5) *Handhabung supervisorischer Situationen* ist von hervorragender Bedeutung, daß der Supervisor, ähnlich dem Modell von COHN (1975), das jeweilige Thema, die Beziehungen der Supervisanden untereinander und die Beziehungen zu ihm selbst in dem jeweiligen Kontext möglichst differenziert erfaßt und dementsprechend handhabt. Er wird sich diagnostisch dabei vorrangig an den Kontextvariablen der supervisorischen Situation orientieren. In diesem Ansatz wird davon ausgegangen, daß insbesondere durch diese aktuellen Kontextvariablen die Beziehungen und das Thema hochgradig mitbestimmt werden. Als entscheidende Kontextvariablen betrachten wir die Anzahl der Supervisanden sowie den Institutionalisierungsgrad, in dem die supervisorische Situation steht.

Die Handhabung von Mehrpersonen-Settings läßt sich vorrangig nach ihrem Institutionalisierungsgrad unterscheiden. So stellt etwa ein „Team" grundsätzlich eine hochinstitutionalisierte Situation dar, weil die Beziehungen der Supervisanden durch formale Regelungen, Arbeitsteiligkeit, Hierarchisierung usw. mitbestimmt sind. Hier treten prinzipiell höhere Grade an Bloßstellungsängsten auf als in Supervisandengruppen, deren Teilnehmer unterschiedlichen organisatorischen Systemen entstammen. In solchen Settings entstehen regelmäßig „dichtere" mitmenschliche Beziehungen als in Teams, so daß die Supervisanden oft ein besonders konstruktives Lernklima vorfinden.

Solche, hier als „Gruppensupervision" bezeichneten Settings ergeben für die Teilnehmer auch einen höheren faktischen Gewinn als die Einzelsupervision; denn in diesem Rahmen werden durch die Vielfalt an Themen und Problemkonstellationen automatisch auch eine Vielzahl an Strukturierungsmustern und Erkenntnisweisen von Praxis deutlich, die für den einzelnen umfassende fachliche Lernerfahrungen mit sich bringen. Solche Situationen enthalten aber auch einen hohen „menschlichen Gewinn". Diese Zusammenhänge sollen im Rahmen eines Exkurses empirisch belegt werden (SCHREYÖGG 1991b).

Exkurs (2): Eine empirische Untersuchung zur Bedeutung des gruppalen Kontextes in der Supervision

Im Zuge empirischer Studien zur Supervision schien es lohnend zu prüfen, ob und wie sich die Einzelsupervision von der Gruppensupervision unterscheidet. Dabei interessierte uns, entsprechend den Thesen unseres Ansatzes,

- ob die Einzel- von der Gruppensupervision im Sinne eines faktischen Zugewinns zu differenzieren ist. Hier war relevant, ob die

Gruppensupervisanden *mehr* Deutungsmuster und *mehr* an Deutungshaltungen dazugewonnen haben als Einzelsupervisanden.

- Außerdem war die Frage wesentlich, ob das gruppale Setting auch von den Supervisanden selbst als „menschlich besonders wertvoll" erlebt wird und welche Aspekte sie als solche benennen können.

Im folgenden sollen (1) die Hypothesen, (2) der Teilnehmerkreis, (3) das Untersuchungsinstrumentarium, (4) die Auswertungsweise, (5) die Untersuchungsergebnisse und (6) eine Diskussion der Ergebnisse beschrieben werden.

(1) Die Hypothesen der Untersuchung lauteten:

a. Bei Befragungen von Supervisanden, welche theoretischen Muster sie zur Strukturierung von praktischen Situationen im Verlauf des supervisorischen Prozesses dazugewonnen haben, werden Gruppensupervisanden mehr Muster nennen als Einzelsupervisanden.

b. Bei Befragungen von Supervisanden, welche „haltungsorientierten" Aspekte sie zur Auseinandersetzung mit ihrer Praxis dazugewonnen haben, werden Gruppensupervisanden mehr solcher Aspekte nennen als Einzelsupervisanden.

c. Bei Befragungen nach der subjektiven Bedeutung der supervisorischen Situation wird die Mehrzahl von Gruppensupervisanden die „konstruktive soziale Lernerfahrung" des gruppalen Kontextes, in faktischer wie mitmenschlicher Hinsicht benennen. Dabei werden die mitmenschlichen Bedeutungsgehalte nach unterschiedlichen Gesichtspunkten variieren.

(2) Die Teilnehmer

Für diese Untersuchung befragte ich im Jahr 1990 20 Supervisanden beiderlei Geschlechts, die alle mindestens 20 zweistündige Supervisionssitzungen von mir erhalten hatten. Von ihnen wurden

- 10 im Einzelsetting und
- 10 im Gruppensetting supervidiert.

Sie dienten untereinander als Vergleichsgruppe. Bei den Einzelsupervisanden handelt es sich um Personen, die im Zeitraum von 1986 bis 1990 supervidiert wurden. Die Gruppensupervisanden entstammen zwei Gruppen, einer von 1987 bis 1989 und einer von 1989 bis 1990.

Aus Gründen der Vergleichbarkeit wurden die Supervisanden so ausgewählt, daß sie über ähnliche Vor- und Zusatzausbildungen verfügten.

Einzelsupervisanden	*Gruppensupervisanden*
1 Arzt	1 Arzt
1 Theologe	2 Theologen
2 Dipl.-Päd.	
4 Dipl.-Soz.-arb./Soz.-Päd.	3 Dipl.-Soz.-arb.
1 Lehrer	1 Lehrerin
1 Dipl.-Psych.	3 Dipl.-Psych.

Die Gruppensupervisanden verfügten alle über eine gestalttherapeutische Zusatzausbildung. Bei den Einzelsupervisanden verfügten sieben über eine gestalttherapeutische, einer über eine klientenzentrierte und eine über eine supervisorische Zusatzausbildung, allerdings nicht in Integrativer Supervision.

(3) Das Untersuchungsinstrumentarium

Das Instrumentarium dieser Untersuchung war ein Fragebogen, der in folgender Form vorlag:

1. Hast du im Verlauf der Supervision neue diagnostische Perspektiven theoretischer Art für deine Arbeit dazugewonnen? Wenn ja, welche?

2. Hast du auch allgemeine, mehr haltungs-orientierte Möglichkeiten zur Auseinandersetzung mit deiner Praxis dazugewonnen? Wenn ja, welche?

3. Wie hast du die Supervisionssituation erlebt? Was war daran wesentllich für dich?

Der Fragebogen wurde den Supervisanden ausgehändigt oder übersandt mit der Bitte, ihn auszufüllen und wieder abzugeben oder zurückzusenden.

Der Zeitpunkt der Befragung war unterschiedlich. Ein Teil der Einzel- wie Gruppensupervisanden wurde erst nach abgeschlossener Supervision befragt, ein anderer im Verlauf der gemeinsamen Arbeit.

(4) Die Auswertungsweise

Die Auswertung des Fragebogens wurde, entsprechend den drei Hypothesen, unterschiedlich vorgenommen:

- Zur Hypothese a. wurden zunächst die Nennungen der angegebenen „dazugewonnenen, theoretischen Muster" ausgezählt.
- Zur Hypothese b. wurden die Nennungen ebenfalls ausgezählt.
- Zur Hypothese c. fand die Auswertung in verschiedenen Schritten statt: dabei wurde zuerst ausgezählt, wieviele der befragten Gruppensupervisanden sich zur Bedeutung der supervisorischen Situation äußerten. Danach wurden diese Aussagen nach „faktischen" und „mitmenschlichen" Bedeutungsgehalten zu sortieren versucht.

Als *„faktische Bedeutungsgehalte"* deuteten wir Statements wie: „Es war interessant, die Problemstellung anderer kennenzulernen; ich habe viele neue Lebens- und Arbeitswelten kennengelernt; ich kann mich jetzt leichter in neue Zusammenhänge eindenken; bei meiner Arbeit erinnere ich mich oft an bestimmte Szenen von anderen" usw.

Als *„mitmenschlichen Bedeutungsgehalt"* werteten wir Aussagen wie: „Es war ein großer gemeinsamer Spaß; es war nie langweilig, so daß ich immer gerne zur Supervision gefahren bin; ich habe gelernt, daß kollegialer Austausch wichtig ist; ich habe mich in der Begegnung mit anderen neu einschätzen gelernt" usw.

In einem dritten Auswertungsschritt wurden die Aussagen mit „mitmenschlichem Bedeutungsgehalt" nach weiteren übereinstimmenden, systematisierbaren Gesichtspunkten sortiert.

(5) Die Untersuchungsergebnisse

Die Ergebnisse sollen entsprechend den Hypothesen aufgeführt werden:

Hypothese a: Zugewinn an theoretischen Mustern

Zu dieser Frage wurden theoretische Muster genannt, z.B. „Narzißmustheorie, familientherapeutische Konzepte, Kommunikationstheorie" usw.

Wir stellen zuerst dar, wieviele Nennungen die einzelnen Personen im Gruppen- wie im Einzelsetting gaben, danach die Gesamtzahl in den jeweiligen Settings:

Anzahl der Nennungen	in Gruppen	im Einzel
1	1	5
2	2	5
3	3	
4		
5	2	
6	2	
Gesamtzahl der Theorie-Muster	in Gruppen	im Einzel
	36	15

Hypothese b: Zugewinn an haltungsorientierten Aspekten
Zu dieser Frage wurden z.B. folgende Aussagen gemacht: „Ich habe gelernt, meine Klientenbeziehungen aus der Distanz zu untersuchen; habe gelernt, daß Diagnosen eigentlich nur in einem langfristigen Interaktionsprozeß vorzunehmen sind" usw.

Auch hier sollen erst die einzelnen Nennungen der Personen im Einzel- und im Gruppensetting, sodann die Gesamtzahlen der Nennungen dargestellt werden.

Anzahl der Nennungen	in Gruppen	im Einzel
1		2
2		
3	3	2
4	2	3
5	3	1
6	2	1
Gesamtzahl der Nennungen	in Gruppen	im Einzel
	44	31

Hypothese c: Die Bedeutung des gruppalen Kontextes
Von zehn Supervisanden stellten acht die „konstruktive Bedeutung" des gruppalen Kontextes in insgesamt 64 Nennungen heraus.

Unter diesen 64 Aussagen fanden wir 25 Statements, die sich als „Aussagen zur faktischen Bedeutung", und 39, die sich als solche zur „mitmenschlichen Bedeutung", bezeichnen lassen.

Diese 39 Statements haben wir, im Sinne einer „Erkundung", wieder nach drei Kategorien zu systematisieren versucht:

- A. soziale Reizerfahrung,
- B. Solidaritätserfahrung und
- C. Förderung der beruflichen Identität aus der Differenz zu anderen.

Im folgenden sollen diese Kategorien differenzierter umschrieben werden:

ad A. *soziale Reizerfahrung*

Zu dieser Kategorie erfolgten die meisten Nennungen: 18. Sie kreisten um die „anregende" Bedeutung der Gruppe. Hierzu zählten wir Aussagen wie:

„Die Gruppe war anstrengend, spannend, motivierend; es war ein großer gemeinsamer Spaß; große Freude bei der gemeinsamen Auseinandersetzung und dem gemeinsamen Erleben; große Freude an der Themenvielfalt; viel menschliche Freude; interessante Herausforderung; nie langweilig, so daß ich immer gerne zur Supervision gefahren bin" usw.

ad B. *Solidaritätserfahrung*

Zu dieser Kategorie erfolgten die zweitmeisten Nennungen: 13. Sie zentrierten sich um das Thema mitmenschlicher Solidaritätserfahrung. Hierzu zählten wir Aussagen wie:

„Es war wichtig zu erleben, daß auch bei anderen die Berufswelt schwierig ist; ich fühlte mich von den anderen unterstützt; es war eine angstfreie, kollegiale Atmosphäre; man konnte seine Fehler angstfrei zeigen; habe gelernt, daß kollegialer Austausch menschlich wichtig ist; habe ein Modell für Teamarbeit bekommen; es war eine Atmosphäre von gegenseitigem Vertrauen" usw.

ad C. *Förderung der eigenen beruflichen Identität aus der Differenz zu anderen*

Zu dieser Kategorie erfolgten acht Nennungen. Sie zentrierten sich um Erfahrungen, bei denen aus der Differenz zu anderen die eigene Selbstdefinition präzisiert werden konnte. Hierzu zählten wir Aussagen wie:

„Habe mich in Relation zu den anderen realistisch einschätzen gelernt; habe durch die Rückmeldungen der anderen neue Aspekte meines beruflichen Daseins sehen gelernt; habe meine Kompetenz in der Begegnung mit den anderen neu erfahren" usw.

(6) Diskussion der Ergebnisse

Hier sollen die zuerst ermittelten (6.1.) Differenzen, aber auch die „Qualitäten", anschließend die (6.2.) Bedeutung der Ergebnisse für unsere Hypothesen verhandelt werden.

(6.1.) Differenzen und Qualitäten

Die Differenzen zur Hypothese a. zeigen, daß die Gruppensupervisanden als Gesamt mit 21 Nennungen mehr ihren Zugewinn an theoretischen Mustern beantworten. Bei der Zuordnung einzelner Nennungen zu Personen fällt auf, daß bei der Einzelsupervision von allen Personen nur ein oder zwei Nennungen erfolgen. Im Gegensatz dazu geben in der Gruppensupervision immerhin vier Personen an, daß sie fünf oder sechs neue theoretische Muster dazugelernt haben.

Die Differenzen zur Hypothese b. ergeben ein ähnliches, wenn auch weniger deutlich differierendes Bild. Die Gruppensupervisanden nennen als Gesamt 13 haltungsorientierte Aspekte mehr als die Einzelsupervisanden. Die Verteilung auf die einzelnen Personen stellt sich hier allerdings auch etwas ausgeglichener dar als bei den Aussagen zur Hypothese a. Hier beschreiben immerhin fünf Personen aus der Einzelsupervision, daß sie mehr als vier Gesichtspunkte dazugewonnen haben, gegenüber sieben aus der Gruppensupervision.

Zur Hypothese c. betonen acht Personen die Bedeutung des gruppalen Verbandes mit 64 einzelnen Aussagen. Mit 25 Statements werden „faktische" Aspekte und mit 39 „mitmenschliche" angesprochen.

Die 39 als „mitmenschlich" bezeichneten differenzierten wir wieder nach drei Aspekten:

- als soziale Reiz-Erfahrung,
- als Solidaritätserfahrung und
- als identitätsbildende Erfahrung aus der Differenz zu anderen.

(6.2.) Die Ergebnisse in ihrer Bedeutung für die Hypothesen

Die vorgelegten Ergebnisse kommen unseren drei Hypothesen umfassend entgegen:

Die Gruppensupervisanden als Gesamt nennen tatsächlich wesentlich mehr „dazugewonnene" (+ 21) theoretische Muster als die Einzelsupervisanden. Und sie scheinen, wie das Datenmaterial belegt, auch als einzelne einen größeren Zugewinn gehabt zu haben. So läßt sich vermuten, daß der einzelne Supervisand in der Gruppensupervision eine größere Vielfalt an theoretischen Mustern erwirbt als in der Einzelsupervision.

Zur Frage, welche „Haltungsaspekte" durch die Supervision erworben wurden, zeigt sich eine ähnliche, wenn auch nicht so ausgeprägte Tendenz. Auch hier nennen die Gruppensupervisanden als Gesamt mehr (+ 13) Aspekte als die Einzelsupervisanden, und auch für die einzelnen Personen ergibt sich im Gruppensetting ein leicht größerer Zuwachs als in der Einzelsupervision. Auch die „besondere Bedeutung" des gruppalen Kontextes wurde bestätigt.

Von zehn Gruppensupervisanden äußerten acht in 64 Nennungen, daß der gruppale Kontext für sie bedeutend war.

Von diesen 64 Nennungen bezogen sich 25 auf „faktische" Bedeutungen des gruppalen Settings, während 39 auf seine „mitmenschliche Bedeutung" bezogen waren.

Die nach ihrem „mitmenschlichen Bedeutungsgehalt" interpretierten Aussagen ließen sich wieder nach drei Gesichtspunkten differenzieren, die auf dem Hintergrund unseres Ansatzes unterschiedliche, mitmenschliche Bedeutungsgehalte erkennen lassen:

- die „anregende" Bedeutung,
- die Bedeutung „mitmenschlicher Verbundenheit" und
- die Bedeutung als „Forum zur Präzisierung individueller Differenzen".

Diese Ergebnisse lassen tatsächlich die Vermutung zu, daß der gruppensupervisorische Kontext als außerordentlich lernintensives, konstruktives Sozialmilieu erlebt wird. Die Aussagen der Teilnehmer geben Anlaß zu der Vermutung, daß dieses Setting nicht nur wegen der Möglichkeit faktischer Lernerfahrungen begrüßt wurde, sondern auch wegen seiner mitmenschlichen Gehalte, seiner sozialen Reiz-Intensität, der möglichen Solidaritätserfahrung und seiner identitätsbildenden Bedeutung.

So lassen sich anhand unseres Datenmaterials die besonderen Vorzüge der Gruppensupervision, in faktischer wie mitmenschlicher Hinsicht, gegenüber der Einzelsupervision vorläufig belegen.

2.4. *Die praxeologische Ebene*

Die praxeologische Ebene enthält Wissen darüber, welche methodischen Maßnahmen in welchen prozessualen Ablauf integriert werden sollen.

Das (1) *methodische Inventarium* muß in seiner Gesamtheit, aus pragmatischer Sicht, folgende Anforderungen erfüllen:

- Es sollte methodische Maßnahmen enthalten, die es gestatten, sachliche Analysen vorzunehmen, aber auch solche, die das subjektive Erleben von Supervisanden zu erfassen vermögen.
- Es muß Arbeitsweisen zur Rekonstruktion und Bearbeitung von individuellen, interaktionalen und systemischen Phänomenen umfassen.
- Es müssen Methoden zur Bearbeitung und Rekonstruktion organisatorischer und personaler Ist-Situationen bereitstehen, wie auch solche, die der Analyse von Prozessen dienen.
- Das Methodenspektrum sollte Arbeitsformen enthalten, die in der Einzel-, Gruppen- und Teamsupervision anwendbar sind.

Die grundsätzliche methodische Basis der Praxeologie bildet eine Kombination aus rationalem Dialog und psychotherapeutischen Arbeitsformen. Auf diese Weise werden Sachthemen und emotionale Phänomene bearbeitbar. Die psychotherapeutische Methodik ist wiederum so gewählt, daß mit ihrer Hilfe erlebnisaktivierende Rekonstruktion möglich ist. Das sind hier in erster Linie „dramatherapeutische Verfahren" wie die Gestalttherapie und das Psychodrama (PETZOLD 1982). Dabei akzentuiert die Gestalttherapie individuelle und interaktive Paradigmen, während das Psychodrama, noch ergänzend, ein systemisches Paradigma enthält.

Beide Ansätze implizieren einen Interaktionsstil, der Supervisanden nicht langfristig regressiv einsteuert, sondern nach Sequenzen kurzfristiger Regression auch einen symmetrischen Sachdialog zuläßt.

Das Methodeninventarium dieser beiden psychotherapeutischen Verfahren wurde in den letzten Jahren durch die Verwendung „kreativer Medien" umfassend ergänzt. Hierbei spielen insbesondere „kreative Materialmedien", d.h. Bausteine, Zeichenutensilien usw. eine entscheidende Rolle. Sie ermöglichen in der Supervision Rekonstruktion von organisatorischen Situationen ebenso, wie die von interaktiven oder individuellen Phänomenen. Es werden dann mit Hilfe von Bausteinen Organigramme aktualisiert, erlebte berufliche Interaktionen mit Farbstiften und Ton dargestellt usw. (PETZOLD/ORTH 1984, RICHTER/FALLNER 1989, SCHREYÖGG 1989).

Alle die genannten methodischen Maßnahmen müssen aber nun daraufhin überprüft werden, ob sie integrierbar sind. Das heißt insbesondere, ob sie mit dem Meta-Modell kompatibel sind. Sie müssen aber auch untereinander Kompatibilität aufweisen, bzw. in einem ergänzenden Verhältnis stehen. Wenn sich Dissonanzen zum Meta-Modell oder untereinander ergeben, müssen die Methodenkonzepte modifiziert oder ausgesondert werden (vgl. SCHREYÖGG 1991a).

Die „auserwählten" methodischen Maßnahmen werden in (2) ein *Prozeßmodell* integriert, das auch wieder Kompatibilität zur Meta-Ebene aufweist. Im vorliegenden Modell handelt es sich um eines, das in Nähe zur phänomenologischen Kreativitätsforschung (SEIFFGE-KRENKE 1974) und zum psychodramatischen Prozeßmodell steht (PETZOLD 1979). Es enthält vier Phasen

- eine Initialphase,
- eine Aktionsphase,
- eine Integrationsphase und
- eine Neuorientierungsphase.

Dieses tetradische Modell dient zur methodischen Orientierung des Supervisors.

Die *Initialphase* dient der „Anwärmung", d.h. Supervisor und Supervisand stellen sich auf die Situation ein, sammeln die Themen, entscheiden, welches Thema Vorrang hat und bestimmen die paradigmatische Ebene, auf der das Thema verhandelt werden soll. Sie einigen sich in diesem Stadium auch darauf, mit welcher methodischen Maßnahme die Rekonstruktion erfolgen soll. Der Interaktionsstil des Supervisors ist in diesem Stadium angemessen aktiv, überwiegend rezeptiv und im wesentlichen symmetrisch.

Die *Aktionsphase* enthält die initiale Rekonstruktion mit der anschließenden Bestimmung des supervisorischen Problemfokus. In diesem Stadium wird auch gemeinsam ermittelt, welche Veränderung welcher spezifischen Muster des Supervisanden angestrebt werden. Zu diesem Zweck ist dann auch die jeweils zu verwendende Methodik zu bestimmen. Während dieses Stadiums übernimmt der Supervisor oft die Führung, um in der anschließenden Analyse wieder auf eine symmetrische Beziehungsform überzugehen. In der weitergehenden Veränderungsarbeit definiert sich sein Stil danach, ob es sich um einen rationalen Dialog oder um erlebnisaktivierende Arbeitsformen handelt.

In der *Integrationsphase* wird das in der Aktionsphase Erarbeitete gedeutet und strukturiert. Nach erlebniszentrierten Arbeitssequenzen, wenn die emotionale Erregung abgeklungen ist, erfolgt rationales Sortieren. Nach theoriegeleiteter Diagnosearbeit wird die Vielfalt des Analysematerials systematisiert und gewichtet. Der Interaktionsstil des Supervisors ist in diesem Stadium überwiegend symmetrisch und moderierend.

In der *Neuorientierungsphase* erfolgt eine systematische und prospektive Auseinandersetzung darüber, wie das in der Aktionsphase Erarbeitete in praxi zu verwenden ist. In sensu oder in der nochmals rekonstruierten Szene experimentiert der Supervisand mit neuen Handlungsformen und bestimmt dann die aktuell angemessenste. Der Interaktionsstil des Supervisors ist jetzt, je nach der Art, in der die Neuorientierung bewerkstelligt wird, rezeptiv oder nochmal aktiv, aber im wesentlichen symmetrisch.

In der konkreten supervisorischen Arbeit gehen die einzelnen Phasen fließend ineinander über. In manchen Supervisionssitzungen wird der Prozeß bereits nach der initialen Rekonstruktion und anschließenden Analyse beendet, um dann vielleicht in der darauffolgenden Sitzung wieder aufgenommen und weitergeführt zu werden. Für die Gruppen- oder Teamsupervision muß dieses Prozeßmodell entsprechend modifiziert werden (SCHREYÖGG 1991a).

Exkurs (3): Ein Beispiel für die Gruppensupervision in einer Ausbildungsgruppe für Supervisoren

Das folgende Beispiel dient als Bindeglied zwischen der Darstellung des Modells und seiner Didaktik. Wie wir im weiteren noch ausführlich verhandeln werden, erfolgt die Lehre des Ansatzes zu großen Teilen durch sich selbst, d.h. durch „Erfahren" konkreter supervisorischer Arbeit.

Anhand des folgenden Beispiels wollen wir nun:

- einerseits die theoretische Darstellung des Modells plastischer werden lassen, weshalb wir zum Abschluß eine kurze, modelltheoretische Erläuterung geben.
- Andererseits soll bereits an dieser Stelle die Atmosphäre gruppaler Ausbildungsteile eingefangen werden.

Bei der nun folgenden Sequenz handelt es sich um die Arbeit in einer Ausbildungsgruppe mit 16 Personen beiderlei Geschlechts, die schon fast ein Jahr bestand. Das Seminar zentrierte sich um das Thema: „Rollenspiel und Rollentheorie". Die Beziehungen unter den Beteiligten waren durch hohe emotionale Dichte und mitmenschliches Vertrauen charakterisiert. Im Verlauf des dreitägigen Seminars stellte am Vormittag des zweiten Tages eine Teilnehmerin folgendes Problem vor:

Sie hatte als ehemalige Gymnasiallehrerin wegen der Geburt von zwei Kindern fünf Jahre beruflich ausgesetzt und sich am Ende ihrer „Karenzzeit" für eine „nicht so beanspruchende, noch dazu interessantere Tätigkeit" entschieden. Bei vorhergehenden Gruppentreffen berichtete sie, daß in der örtlichen Telephonseelsorge die Stelle einer weiblichen Mitarbeiterin vakant sei. Nach mehreren Vorstellungsgesprächen wurde sie tatsächlich für die Position ausgewählt, die sie dann mit großem Elan antrat. In einem darauffolgenden Seminar berichtete sie zunächst begeistert, daß sie zwar im Moment noch laufend mit dem männlichen Leiter, einem Laientheologen, „mitlaufen" müsse, daß sie aber bald selbst vielfältige supervisorische Aufgaben an den Ehrenamtlichen wahrnehmen könne.

In der nun zu beschreibenden Sitzung schilderte sie aber folgendes Problem:

Ganz entgegen den ursprünglichen Abmachungen müsse sie immer noch ausschließlich als „Hilfskraft" des Leiters fungieren, denn es hatten sich bislang zu wenige Ehrenamtliche gefunden, mit denen sie eine eigene Gruppe hätte machen können. Ihr Anliegen war nun herauszufinden, weshalb sie sich bei der gemeinsamen Arbeit mit dem Leiter zunehmend unwohl fühlte und weshalb so wenige Mitglieder des Systems sich speziell von ihr supervidieren lassen wollten.

Die Supervisorin bat sie zunächst, sich eine der letzten gemeinsamen Sitzungen in Erinnerung zu rufen und sie mithilfe von Gruppenmitgliedern nachzustellen. Die Protagonistin ordnete nun mit Stühlen eine Gesprächsrunde von zehn Personen an, suchte sich sorgfältig Spieler für den Leiter wie die Supervisandinnen aus – „Es sind alles Frauen", meinte sie – und führte im Rollentausch jeden in seine Rolle ein. Sie selbst übernahm ihre reale Rolle neben dem Leiter sitzend.

Thematisch sollte in der Runde die Angst einer Frau behandelt werden, die in den letzten Monaten schon mehrfach wegen Gewaltandrohungen seitens ihres Mannes angerufen hatte. Er war etliche Male alkoholisiert nach Hause gekommen, hatte sich breitbeinig vor ihr postiert und wegen „verschiedener Nichtigkeiten" Schläge angedroht. Um welche „Nichtigkeiten" es sich dabei handelte, konnte die Beraterin nicht ermitteln, weil die Anruferin jedesmal ausweichend reagierte bzw. immer nur detailreich ihre Angst beschrieb. Diese Angstphantasien wirkten für die Beraterin dermaßen „ansteckend", daß sie sich im Verlauf der Telephonate jedesmal nur mühsam fassen konnte.

Der Leiter, ein väterlicher, etwa 50jähriger Mann, sprach begütigend auf die Beraterin ein, die anderen Teilnehmerinnen lauschten seinen Ausführungen, und die neben ihm sitzende Supervisorin sackte teilnahmslos in sich zusammen.

„Ja, so ist das immer", meinte die Protagonistin, „ich komme da nie ins Gespräch, er weiß alles, alle hängen an seinen Lippen und ich bleibe außen vor."

Supervisorin: „Magst du mal einen Rollentausch mit ihm probieren?" Die Szene wird noch einmal gespielt und die Supervisandin agiert in der Rolle des Leiters. „Das ist vielleicht komisch", meint sie am Ende, „das ist wie ein König sein... nein mehr, wie Salomon." Sie ist betroffen, „Was erleben wohl die Frauen?"

Supervisorin: „Probier es doch mal im Rollentausch mit einer von ihnen." Die Protagonistin „schlüpft" jetzt in die Rolle einer Ehrenamtlichen, mit der sie schon mehrfach Einzelgespräche geführt hatte. Die Spielsequenz findet noch einmal in verkürzter Form statt. „Diese gesamte Supervisionssituation ist ungemein beruhigend, tröstend..." stellt sie erstaunt fest.

Nun berichten auch die übrigen Spieler, was sie erlebt haben. Sie bestätigen im wesentlichen die soeben geschilderten Eindrücke. Vor allem die in der Supervisionsszene als Protagonistin designierte Teilnehmerin äußert, daß sie aus dem ganzen „wieder neue Kraft schöpfen" könne für weitere Gespräche mit der „eigenartigen Angstfrau" am Telephon.

„Jetzt fällt mir überhaupt etwas ein", meint die Protagonistin, „die meisten Beraterinnen haben schlechte Ehen, das heißt, sie reden ständig abfällig über ihre eigenen Ehemänner, den Leiter dagegen vergöttern sie, er ist die ‚ideale Alternative' zu allen realen Männern der Welt." Sie berichtet nun, welche Teilnehmerinnen der an der soeben nachgestellten Supervision was von ihren Männern erzählen.

„Das ist ja irre", meint ein männliches Gruppenmitglied, „kann es sein, daß die Frauen diese Supervision mit dem Leiter als Kompensat für ihre eigenen Ehemiseren verwenden?" „Wenn ich mir das genau ansehe, meine ich das fast auch", sagt die Protagonistin nun. „Ja, dann können die mich wirklich nicht brauchen. Ich kann und will für sowas gar nicht herhalten, wenn ich Ärger mit meinem Mann habe, setze ich mich mit ihm auseinander."

Ein Gruppenmitglied fragt: „Was soll nun werden?" „Ja, ich weiß auch noch nicht", kommt es verzagt aus der Supervisandin. „Da hast du als Frau doch überhaupt keinen Platz, das ist ein geschlossenes System", meinen die einen, „Sofort mit ihm reden", raten andere...

Supervisorin: „Laßt uns doch mal genauer untersuchen, welche Bedeutung hier eine Frau für die anderen Frauen haben kann." Sie bittet eine sehr selbstbewußte Frau, die Supervisandin im Rollenspiel zu vertreten und „mal was Neues" zu versuchen. Die Protagonistin wird derweil gebeten, das Spiel zu beobachten. Jetzt entsteht eine „kleine Revolution". Als die „leitende Frau" diesmal nicht neben dem Leiter immer stiller wird, sondern bei der Auseinandersetzung um die „Angstfrau" genauere Nachfragen, etliche Vermutungen usw. einbringt, gerät der Leiter aus dem Tritt, d.h. er wird stiller und die Supervisandinnen reagieren teils irritiert, teils aber auch angenehm angeregt.

„Oh ja, ich darf nicht wegsacken", stellt die Protagonistin nun fest. „Nein, ich muß aktiv sein." „Und was hast du als Leiter erlebt", wendet sich die Supervisorin an den Leiter im Spiel. „Ich habe zuerst meine Kreise gestört gefühlt, aber dann gedacht, ‚Gut, endlich ist sie da, ich werd schon nicht untergehen'."

„Aber wie kann ich jetzt meine Form in dem bisherigen Rahmen finden", gibt die Protagonistin nun selbst zu bedenken. „Du mußt mit ihm reden, daß du die Dinge jetzt anders machen willst", meint ein anderes Gruppenmitglied. „Oje, das will ich erst mal hier probieren." Sie imaginiert sich nun den Leiter auf einem leeren Stuhl und beginnt, ihr Programm für die kommenden Sitzungen darzustellen. „Es fällt mir schwer", wendet sie sich nun an die Supervisorin, „ich will ihn nicht verletzen." „Kennst du solche Vorsicht?" fragt die Supervisorin. „Ja, mein Stiefvater, ja, der hat auch immer so rührend für uns gesorgt, aber dann war es schwer, sehr schwer, ihm was Kritisches zu sagen, er war dann immer sehr gekränkt."

Sie wird nun gebeten, den Vater und den Leiter imaginativ auf zwei Stühle zu setzen und zu vergleichen. Nach einigem Überlegen meint sie erleichtert: „Nein, der Leiter ist nicht so empfindlich wie mein Vater, der ist wirklich Profi, dem kann ich sagen, daß ich vorhabe, neben ihm dynamischer zu werden." Sie geht noch einige Minuten ihren Erinnerungen an den Vater nach, wie er immer so begütigend, „auch wie Salomon", agierte, aber dann, als sie und ihre Schwester das Haus verlassen wollten, sehr gekränkt war. „Nein, der Leiter ist viel unabhängiger, er läßt sich zwar auch durch die Situation mit den Frauen auf eine Königsposition hieven, aber er wird mich sicher eigenständig arbeiten lassen." Bei einem neuerlichen Gesprächsversuch mit dem imaginierten Leiter gelingt es ihr nun relativ flüssig, ihre Position zu vertreten.

Die Protagonistin beschließt nun, ein solches Gespräch mit dem Leiter zu führen und dann bei allen gemeinsamen Arbeiten darauf zu achten, daß sie ihre Position so autonom als möglich wahrnimmt; „denn ich habe ja schließlich auch was zu bieten".

In einer anschließenden Auswertungssequenz zentrieren sich die Statements der Teilnehmer auf ihre Zusammenarbeit mit Berufskollegen, auf die Einflüsse gruppaler Systeme für die Rollendefinitionen, die Interaktionen mit Kollegen usw. Sie zentrieren sich aber auch auf die Rollen und Interaktionen der Teilnehmer innerhalb der Ausbildungsgruppe.

Nach Abschluß der praktischen Arbeit wird diese Sequenz, im Sinne einer „mini lecture", durch rollentheoretische und rollenmethodische Konzepte präzisiert.

Für unseren Zusammenhang soll nun diese Sitzung anhand der vorab beschriebenen „Wissensstruktur" strukturiert werden:

Auf der *praxeologischen Ebene* verdeutlicht das Beispiel, wie sich der rationale, theoriegeleitete Dialog und mehrere erlebnisaktivierende Arbeitsformen aus unterschiedlichen Verfahren ergänzen.

Prozessual betrachtet, folgt auf die *Initialphase* (der gesprächsweisen Einführung der Protagonistin in das Problemfeld) die Aktionsphase, die durch vielfältige imaginative Maßnahmen charakterisiert ist. Die Integrationsphase, als emotionales „Ausklingen" und Nachbesprechen der Problemstruktur, besteht auch darin, daß die Thematik wieder in die Gruppe rückgeführt wird. Die Neuorientierungsphase beinhaltet die prospektiven Entscheidungen der Protagonistin.

Unter *supervisionstheoretischer* Perspektive zielt die Supervisionsarbeit hier auf eine Verbesserung der beruflichen Entscheidungskompetenz der Supervisandin im Sinne erweiterter Wahlfreiheit. Im Verlauf der initialen Rekonstruktion zeigt sich der spezifische Problemfokus darin, daß die aktuelle gruppale Situation durch alte szenische Elemente unangemessen überlagert ist. In der weiterführenden Veränderungsarbeit werden diese evoziert. Die Vorgehensweise läßt eine der Komplexität angemessene Auffächerung und nachfolgende Strukturierung des Problems zu. Der Interaktionsstil der Supervisorin variiert phasenspezifisch zwischen non-direktiv/direktiv und symmetrisch/asymmetrisch. Die Handhabung der Situation zeigt auch, daß das Anliegen des einzelnen Supervisanden auf der gruppalen Ebene verankert und von der Gruppe erweitert und ergänzt wird.

Auf der *Theorie-Ebene* veranschaulicht das Beispiel die multiparadigmatische Diagnostik. Als zunächst aktuell wahrnehmbares, atmosphärisches Systemphänomen (Gruppe der Ehrenamtlichen) und als aktuelles Interaktionsproblem (Protagonistin/Leiter) rührt die Entscheidungsproblematik der Supervisandin ihre individuell-historischen Dispositionen an, die wiederum in dem Sozial-System „Gruppe" und der spezifischen Interaktion zum Leiter verankert sind.

Diese mehrperspektivische, diagnostische Sicht korrespondiert auch mit den anthropologischen Prämissen des *Meta-Modells.* Die Supervisandin erlebt ihre Determinierung durch Interaktionen und Systeme und sucht sich als „freier" Einzelmensch von bedrängenden Aspekten zu befreien. Die Erkenntnisposition des Meta-Modells wird insbesondere darin deutlich, daß die Supervisandin aus ihrem bisherigen begrenzten, überwiegend prärationalen Erkenntnishorizont heraustritt und von einem neuen Standort einen erweiterten Horizont des Problems erwirbt.

B. Der didaktische Ansatz Integrativer Supervision

Das für die Integrative Supervision maßgebliche didaktische Konzept enthält zwei grundlegende Charakteristika:

- Es ist konzeptkonform, d.h. es lehnt sich unmittelbar an das zugrundeliegende supervisorische Modell an bzw. es wurde aus ihm heraus entwickelt. So sollen auch hier alle Besonderheiten der Didaktik in unmittelbarer Relation zum Modell der Integrativen Supervision entfaltet werden. Mit diesem Anspruch tragen wir Forderungen Rechnung, die schon WEIGAND (1990) zur Entwicklung einer für Supervision adäquaten Didaktik formuliert hat.
- Ein weiteres Charakteristikum des vorliegenden Didaktik-Konzeptes ist seine curriculare Anlage. Das heißt alle Teile des didaktischen Konzeptes stehen in einem möglichst klar ausformulierten Begründungszusammenhang. Mit diesem Faktum tragen wir einer Forderung der modernen Didaktik Rechnung (vgl. OTTO/SCHULZ 1986).

Bevor wir das Curriculum der Integrativen Supervision genauer beschreiben, wollen wir uns, im Rahmen eines Exkurses, zunächst der Curriculum-Theorie, bzw. ihren neueren Interpretationen zuwenden.

I. Exkurs (4): Curriculum-Theorie

Der Begriff „Curriculum" entstammt pädagogischen Konzepten des deutschen Barock. Er sollte eine Lehrplanstruktur bezeichnen, die „das immer Wiederkehrende", im Sinne der lateinischen Bedeutung des Terminus „Lebenslauf", betont (ZIMMERMANN 1977). Er wurde, insbesondere seit ROBINSOHN (1969), am Ende der 60er Jahre wieder aufgegriffen, um Abgrenzungen gegenüber traditionellen Lehrplänen zu signalisieren. Die ursprünglich eher behavioristischen Aufassungen der 60er und 70er Jahre wurden dann im Verlauf des letzten Jahrzehnts vor allem in einem subjekt-orientierten Verständnis modifiziert (ADI-AMINI 1986).

Die Curriculum-Debatte resultierte ursprünglich zu wesentlichen Teilen aus schuldidaktischen Zusammenhängen, d.h. aus der Unterrichtung von Kindern und Jugendlichen. Im Verlauf des letzten Jahrzehnts wurde sie dann auch auf die Erwachsenen-Bildung ausgedehnt und mit den dort nötigen Modifikationen diskutiert (SIEBERT 1992).

1. Generelle Bestimmungsmerkmale von Curricula

Als relevanteste Unterscheidungskriterien eines Curriculums gegenüber bisherigen Lehrplänen arbeiteten POTTHOFF (1974), ZIMMERMANN (1977) u.a. vorrangig folgende heraus:

- Ein Curriculum weist eine in sich konsistente und möglichst in allen Teilen begründete Lehrplanstruktur auf.
- Es basiert auf expliziten, zusammenhängenden Lehr- / Lern-Zielen, entsprechend denen dann erst die Inhalte, die zu verwendenden Methoden usw. zu bestimmen sind.
- Es sollte lernorganisatorische Angaben enthalten und
- in ihm sind Formen der Lehr- / Lernziel-Kontrolle vorgesehen.
- Darüber hinaus sollte es „offen", d.h. vor allem revidierbar sein.

Diese Aspekte bedürfen genauerer Erläuterung.

1.1. *Das Prinzip der begründeten Lehrplanstruktur*

Im Gegensatz zu traditionellen Lehrplänen, die oft durch willkürliche oder intuitive, jedenfalls nicht begründete Wertentscheidungen bezüglich der zu lehrenden Inhalte und der Lehrmethoden geprägt waren, handelt es sich bei einem Curriculum um eine in allen Teilen rational begründete Lehrplanstruktur. In dieser Lehrplanstruktur, als in sich konsistentem Gebilde, sollen alle inhaltlichen, methodischen usw. Aspekte in einem Begründungszusammenhang stehen.

Wurde die Möglichkeit strikt deduzierbarer Lehrplanentwicklungen in den früheren Jahren der Curriculum-Tradition noch weit überschätzt, finden wir heute ein zunehmend komplexeres Verständnis. So argumentieren etwa OTTO / SCHULZ (1986), daß ein Lehrplan nicht als lineares System, im Sinne einer Ziel-Mittel-Relation etabliert werden kann, sondern daß immer wieder Interdependenzen zwischen allen Teilen eines Curriculums berücksichtigt werden müssen. Die zentrale Bedeutung curricularer Konzepte bestehe aber in ihrer intersubjektiven Transparenz.

1.2. *Das Prinzip der Lehr-/Lernziel-Orientierung*

Im Gegensatz zu herkömmlicher Lehrplangestaltung, die auf dem Hintergrund nicht näher begründeter Bildungsintentionen, meist bei der Formulierung von Inhalten ihren Ausgang nahm, startet Curriculum-Entwicklung immer bei der Definition von Lehr-/Lernzielen.

Dabei sind die Ziele eines Curriculums wiederum:

- nach verschiedenen Gesichtspunkten zu differenzieren,
- in eine gegenstandsangemessene Zielstruktur zu integrieren,
- ihre Auswahl bedarf einer Vielzahl von Entscheidungen und
- sie bilden die Grundlage für alle weiteren Ebenen des Curriculums.

a. Die Differenzierung von Lehr- / Lernzielen

Eine zentrale Forderung an Curricula besteht darin, daß die Ziele nach Über- und Unterordnungsverhältnissen differenziert werden. Ziele können nämlich ein je unterschiedliches Abstraktionsniveau oder eine je unterschiedliche Reichweite beinhalten. Sie können als

„Leitziel" die „Philosophy of Education" (SMITH/BROUDY 1969) für ein gesamtes Lehrprogramm bilden, sie können als „Richtziele" für bestimmte, bei den Lernenden zu entwickelnde Kompetenzbereiche gelten, als „Grobziele" wieder unterschiedliche Facetten der Richtziele abdecken usw. (MÖLLER 1969). Vorab formulierte Ziele lassen sich auch für bestimmte organisatorische Teile eines Lehrprogramms als „Kursziele" bestimmen. Sie sind dann in einen jeweiligen Begründungszusammenhang zu den Leit-, Richt- und Grobzielen zu bringen.

Ziele lassen sich weiter danach differenzieren, welcher spezifische Anspruch an den Lernenden mit ihnen einhergeht, d.h. ob es sich dabei um kognitiv zu erarbeitende „Kenntnisse" oder den Erwerb von „Fertigkeiten", etwa im Sinne handwerklicher Qualifikationen handelt usw. Darüber hinaus sind Ziele nach ihrem jeweiligen Grad der Operationalisierbarkeit zu beschreiben.

Ein auf diese Weise präzisiertes Gebäude von Lehr-/Lernzielen wird „Lehr-/Lernziel-Taxonomie" genannt (ZIMMERMANN 1977 u.a.). Wenn sich auch alle diese Ziele niemals in einen völlig nahtlosen Argumentationszusammenhang bringen lassen, hat solche Taxonomie doch eine wichtige heuristische Funktion. Sie fördert die Systematisierung, hilft „zufällige" Auswahl von Inhalten zu reduzieren, und sie fördert vor allem die Transparenz der Zielbestimmungen (OTTO/SCHULZ 1986).

b. Die Gegenstandsangemessenheit von Zielstrukturen

Bei der Entwicklung sehr differenzierter Taxonomien wurde ursprünglich der Vorteil betont, daß die Lehr-/Lernziele für Lehrende wie Lernende umfassende Transparenz erhalten. Im letzten Jahrzehnt wurden aber zunehmend Nachteile konstatiert. Unerwartet auftretende Ereignisse können nämlich dann nur unter Mühe in die Lehre einbezogen werden und vor allem: Lehrende, wie Lernende erhalten keinen Spielraum zur autonomen Lehr- und Lerngestaltung. Aus diesem Grund plädierten schon in den 70er Jahren viele Autoren dafür, die Feinziel-Ebenen kaum oder gar nicht auszuformulieren (WESTPHALEN 1973) bzw. sie werden erst in aktuellen Dialogprozessen zwischen Lehrenden und Lernenden bestimmt.

Moderne Didaktik, die stärker an der realen Lebenswelt und den selbstgestaltenden Möglichkeiten von Schülern, Ausbildungskandidaten usw. ausgerichtet ist, plädiert ohnedies für „offene Curricula" und somit für Taxonomien, die nur eine heuristische Strukturierungsfunktion haben. Taxonomien sollen dann den Lehrenden und Lernenden eine Balance zwischen Zielvorgaben und aktuell selbst entwickelten Zielsetzungen ermöglichen (ADI-AMINI 1986). Erst auf diese Weise tragen Taxonomien der Tatsache Rechnung, daß es sich bei Lehrenden wie Lernenden um Leib-Subjekte handelt, die ihre eigenen Intentionen bilden können (APEL et al. 1984 u.a.) und im Rahmen von Unterricht über diese kommunizieren.

c. Die Auswahl von Lehr-/Lernzielen

Zur Auswahl von Lehr-/Lernzielen hatte ROBINSOHN (1969), auch wieder in eher behavioristischem Verständnis gefordert, daß sie primär pragmatisch, aus der zu bewältigenden, realen Lebenswirklichkeit der Lernenden zu bestimmen seien.

Wie aber die neuere Curriculum-Forschung aufmerksam macht, gehen Zielbestimmungen immer mit Wertentscheidungen einher, die auch wieder der Begründung bedürfen (OTTO/SCHULZ 1986). Dabei kann diese Begründung eben nicht nur pragmatische Orientierungen enthalten, sondern sie muß, zumindest in Teilbereichen der Taxonomie, auf übergreifenden, normativen Entscheidungen beruhen (KLAFKI 1963). So hat sich bei der Lernzielfindung heute zumeist eine Kombination von pragmatischem und normenorientiertem Vorgehen durchgesetzt (WESTPHALEN 1973, ZIMMERMANN 1977, ADI-AMINI 1986 u.a.).

d. Lehr-/Lernziele als Grundlage für die anderen Ebenen des Curriculums

Alle weiteren Stufen eines Lehrplanes, wie die zu lehrenden Inhalte, die zu verwendenden Methoden, die lernorganisatorische Struktur usw. sollten nun streng auf die Zielstruktur abgestimmt werden (BLANKERTZ 1972, MEYER 1972). Bei neueren Autoren wird auch dieses Postulat relativiert.

So sollten bei der Auswahl von Inhalten neben der Zielorientierung auch andere Aspekte berücksichtigt werden. Inhalte sind dann nicht nur in Relation zum aktuellen Stand wissenschaftlicher Forschung zu bestimmen (BLANKERTZ 1972), oder sollten exemplarischen Charakter haben, sie sollten auch nach der aktuellen Lernsituation variierbar und für Lehrende wie Lernende intellektuell usw. „zumutbar",vor allem aber menschlich konstruktiv wirken (ZIMMERMANN 1977, OTTO/SCHULZ 1986).

1.3. *Das Prinzip lernorganisatorischer Transparenz*

Als weiteres Charakteristikum enthalten Curricula, anders als traditionelle Lehrpläne, lernorganisatorische Angaben. Das sind Angaben über Lernbedingungen, ihre zeitliche Strukturierung, Angaben über die Gestaltung der Lernsequenzen usw.

Wir hatten schon aufmerksam gemacht, daß auch diese Ebene eines Curriculums in Relation zur Zielstruktur stehen soll. Klassensysteme usw. können also nicht Selbstzweck sein (KLAFKI 1963, HENDRICKS 1972). Wie aber neuere Autoren betonen, müssen bei der Planung lernorganisatorischer Bedingungen neben den Zielen mindestens noch zwei weitere Aspekte Berücksichtigung finden:

- Die Lernorganisation muß auf die konkrete Lehrsituation, d.h. die spezifische Lerngruppe und ihren jeweiligen Kontext abgestimmt sein.
- Sie muß so offen angelegt sein, daß sie im Bedarfsfall, auf Initiative der Lehrkräfte oder der Lernenden, modifizier- und revidierbar ist (ADI-AMINI 1986).

1.4. *Das Prinzip der Lehr-/Lernziel-Kontrollen*

Ein zentrales, oft aber auch problematisiertes Merkmal von Curricula besteht in der Forderung von Lehr-/Lernziel-Kontrollen (ZIMMERMANN 1977). Im Prinzip handelt es sich dabei um den Versuch, die Ziel-Enderreichung des Curriculums am konkreten Handeln der Lernenden zu evaluieren. Im Extrem führte dieser Anspruch aber, wie etwa in der empirischen Forschung der Psychologie oft kritisiert, dazu, daß in den Curricula nur noch solche Ziele formuliert wurden, die im konkreten Handeln von Menschen ihren Niederschlag finden (TERHART 1986). Nur diese lassen sich ja relativ leicht operationalisieren und dann quantitativ überprüfen.

Solche von ROBINSOHN (1969) ursprünglich erhobene Forderung wurde von späteren Autoren stark relativiert und differenziert (z.B. HUISKEN 1972), so daß heute auch qualitative, durch intersubjektive Dialoge validierbare Kontrollen, immer breitere Verwendung finden (TERHART 1986).

1.5. Das Prinzip der Offenheit

Ein curriculares Zielkonzept sollte immer auf dem Hintergrund von Dialog-Prozessen aller Lehrenden und Lernenden stehen; denn alle Zielformulierungen, bzw. die damit verbundenen Wertentscheidungen müssen als Ausdruck menschlicher Erkenntnisprozesse in einem jeweiligen gesellschaftlichen und historischen Kontext verstanden werden (LEMKE 1986 u.a.). Damit sind sie hochgradig personen- und kontextabhängig. Curricula gelten also nicht, wie früher oft Lehrpläne, als statische, zeitlich überdauernde Gebilde. Sie sind vielmehr als offene Konzepte zu begreifen, die auf der Feinziel-Ebene durch Dialogprozesse zwischen allen Beteiligten ohnedies laufend nuancierten Revisionen unterliegen, die aber auch auf den anderen Ebenen in gewissen Abständen grundlegender Überprüfung bedürfen (BRÜGELMANN 1972, OTTO/SCHULZ 1986 u.a.).

2. Modifikationen in der Erwachsenenpädagogik

Wie SIEBERT (1992) u.a. postulieren, kann auch die Erwachsenenpädagogik nicht auf curriculare Anlagen von Lehrplänen verzichten, bzw. gerade hier muß für Lehrende wie Lernende maximale Transparenz gegeben sein. Durch strukturelle Bedingungen von Erwachsenenbildung, wie das höhere Alter der Teilnehmer, die zumeist bestehende Freiwilligkeit, die spezifische Konstitution von Bildungsträgern, aber auch durch die zu vermittelnden Inhalte ergeben sich bei den Teilnehmern im allgemeinen andere Erwartungen und Voraussetzungen als im schulischen oder vorschulischen Bereich (TIETGENS 1992a).

So muß sich auch die Konzeptualisierung von Curricula in der Erwachsenenpädagogik von der in traditionellen pädagogischen Feldern unterscheiden. Hier sind vorrangig

- Variationen bei der Findung von Lehr-/Lernzielen und
- Variationen der Lehr-/Lernsituation

zu beachten.

2.1. Die Findung von Lehr-/Lernzielen

Das Finden von Lehr-/Lernzielen in der Erwachsenenbildung setzt andere inhaltliche Orientierungen als etwa die Schulpädagogik voraus und es erfordert eine breitere Beteiligung der zu Beschulenden.

a. Inhaltliche Orientierungen bei der Findung von Zielen
Umfassender noch als in der klassischen Curriculum-Theorie vorgesehen, muß die Bestimmung bzw. Findung von Zielen in der Erwachsenenbildung auf reale Lebens- und Verwendungssituationen der Teilnehmer bezogen sein. Dieses Postulat ist allerdings nicht nur utilitaristisch sondern auch anthropologisch zu interpretieren (SIEBERT 1992).

Hier ist nicht nur die spezielle Zielgruppe mit ihren jeweiligen Ansprüchen, Motivationen usw. zu berücksichtigen, sondern auch die voraussichtlich gegebene Lernbiographie der Teilnehmer, ihr bereits bestehendes Alltagswissen usw. Die Ziele mit ihren dazugehörigen Inhalten müssen an die bisherigen lebensweltlichen Erfahrungen anschlußfähig sein; denn bei Erwachsenenpädagogik handelt es sich im allgemeinen um „Anschlußlernen" (SCHMIDT/WEINBERG 1978).

Bei Formulierung von Zielen sind dann nicht nur die vermuteten Erwartungen der Teilnehmer und ihr bereits vorhandenes Wissen zu berücksichtigen, sondern auch ihr alltagsweltlicher Erfahrungshintergrund. Erst auf diese Weise sind sie als Leib-Subjekte mit ihrer jeweiligen menschlichen „Horizontstruktur" angesprochen. Die Ziele sind also auch aus normativen Gründen deutlich an den Teilnehmern zu orientieren (SIEBERT 1992).

b. Die Beteiligung der zu Beschulenden
„Teilnehmerorientierung" (TIETGENS 1992b, 443) in der Erwachsenenbildung bedeutet darüber hinaus, daß die Teilnehmer an der Zielfindung selbst beteiligt werden. Dieses Postulat ist allerdings nicht so zu verstehen, daß keinerlei Zielvorgaben seitens Lehrender bestehen, sondern es besagt, daß bereits in der Anlage von Curricula Mitgestaltung von Teilnehmern vorgesehen ist. So läßt sich vorab planen, daß bestimmte Teile des Curriculums mit Zielsetzungen, dazugehörigen Inhalten und Methoden, von den Teilnehmern aktiv ausgestaltet werden.

Mitbeteiligung von Teilnehmern ist aber auch subtiler, etwa durch bestimmte methodische Maßnahmen zu erreichen. So realisiert sie sich fast automatisch bei der Verwendung gruppendynamischer Verfahren, der TZI usw. (GEIßLER/EBNER 1992). Auf der Basis grober Zielvorgaben kommt dann den Lehrenden die Aufgabe zu, aus den situativen Bedingungen einer Fortbildungsveranstaltung die jeweiligen Zielvorstellungen der Teilnehmer im intersubjektiven Dialog zu extrahieren und prägnant machen zu helfen (TIETGENS 1992b). Die aktuell bestehenden Zielvorstellungen (etwa auf der Feinziel-Ebene) müssen hier, im Sinne einer phänomenologischen Deutungshaltung, meist erst diskursiv erfaßt und benannt werden.

Dieser Forderung kommt vor allem Bedeutung bei der Vermittlung derartiger Handlungsmodelle selbst zu, und dabei besonders in der Lehre phänomenologisch orientierter Psychotherapie- oder Supervisionsmodelle. Wie wir im weiteren noch zeigen werden, ist es für ihre Lehre konstitutiv, daß diese mit den zu vermittelnden Ansätzen kompatibel ist. Sie muß also, soweit als möglich, „konzeptkonform" sein.

Wegen der grundsätzlichen Lebenswelt-Bezogenheit der Ansätze können curriculare Vorgaben hier immer nur ein konzeptionelles Grundgerüst bilden, das durch Erfahrungen der Teilnehmer und ihre in die Zukunft gerichteten Vorstellungen erst ausdifferenziert werden muß. Im Vollzug des Lehrens/Lernens bildet sich dann zwischen den Interaktionspartnern eine „Interpretationsgemeinschaft" (PETZOLD 1992 nach APEL 1980), bei der durch sinnstiftende Dialoge die aktuell relevanten Intentionen der Teilnehmer herausgefiltert werden.

2.2. Die Lehr-/Lernsituation

Erwachsenenbildung muß sich aber auch im Hinblick auf situative Bedingungen anders als die Schuldidaktik orientieren. Hier hat die Lerngruppe, aber auch der Interaktionsstil von Lehrenden zentrale Bedeutung.

a. Die besondere Bedeutung der Lerngruppe

Die Konstitution von Lerngruppen erhält in der Erwachsenenbildung eine pragmatische und eine anthropologische Bedeutung.

Insbesondere durch den Charakter von Freiwilligkeit erwarten Teilnehmer in der Erwachsenenbildung nicht einfach nur rationale Beschulung, die ja oft noch durch ungünstige Lernbiographien mit negativen Assoziationen belegt ist. Sie erwarten meistens ein konstruktives, soziales Lernklima im gruppalen Rahmen. Nun läßt sich zwar in allen Bereichen der Pädagogik beobachten, daß affektive Faktoren der Lernsituation intellektuelle Entwicklungen hemmen oder fördern (SIEBERT 1992). In der Arbeit mit Erwachsenen bilden solche Aspekte aber wegen der zumeist bestehenden Freiwilligkeit ein konstitutives Element.

Wie anhand der empirischen Untersuchung in Exkurs (2) gezeigt, können Lerngruppen neben „faktischem Zugewinn" auch vielfältige mitmenschliche Erfahrungen, im Sinne von Solidarität sowie Identitätsbildung, erbringen. Gruppalen Lernstrukturen kommt deshalb in der Erwachsenenbildung auch eine grundlegende anthropologische Bedeutung zu.

b. Die Bedeutung des Leiterstils

Im Zusammenhang mit dem gruppalen Lernklima steht auch der Interaktionsstil von Leitern. Hier ist grundsätzlich ein höheres Maß an Reversibilität angebracht (TIETGENS 1992b), denn es geht ja um selbstgewählte Interaktionen zwischen erwachsenen Menschen. Sie werden von Teilnehmern im allgemeinen nur deshalb aufgenommen, weil sie sich intellektuell usw. „bereichern" wollen. Der Interaktionsstil von Leitern muß deshalb nicht nur menschlich akzeptabel sein, sondern auch animierenden Charakter haben (BELLEVILLE 1992), also die „Lern- bzw. Erfahrungslust" fördern.

Wie oben angedeutet, tritt bei der Vermittlung phänomenologisch orientierter Handlungsmodelle noch eine andere Komponente des Leiterstils hinzu: hier muß, in Korrespondenz mit den zu vermittelnden Ansätzen, eine phänomenologisch fundierte Deutungshaltung eingenommen werden.

Die Lehre solcher Handlungsmodelle, therapeutischer oder supervisorischer Art, setzt, wie schon angesprochen, immer an den lebensweltlichen Erfahrungen von Menschen an. Sie bringen diese als ganzheitliche, d.h. „szenische Erfahrungen" in den Lehr-/Lerndialog ein und erhalten Unterstützung, ihr je gegebenes Erleben in Situationen neu zu strukturieren und durch die geäußerten Erfahrungen anderer Menschen anzureichern. Im Sinne der von PETZOLD (1992) beschriebenen „hermeneutischen Spirale" ist es dann

Aufgabe von Lehrenden, gemeinsam mit den Teilnehmern das wahrnehmungsmäßig Zugängliche strukturell zu erfassen, zu verstehen und zu erklären. Diese hermeneutisch orientierte Dialogpraxis kann sich allerdings nicht auf Ausdeutung des Verbalen beschränken, sondern sie muß auch prä-verbale Expression auf leiblicher Ebene einbeziehen (ebenda 1992); denn Erfahrungen von Menschen resultieren im Verständnis dieser Ansätze immer aus ganzheitlich gespeicherten Erlebnisprozessen.

So ist hier über große Strecken ein gleichermaßen reflexiver wie dialogorientierter Leiterstil gefordert, durch den mehrperspektivische Deutungsweisen befördert werden.

II. Das Curriculum der Integrativen Supervision

Im folgenden soll, auf dem Hintergrund aller bisherigen Ausführungen, das Curriculum der Integrativen Supervision entfaltet werden.

Dabei sind zunächst

- das Zielsystem mit seinen Leit-, Richt- und Grobzielen zu erläutern,
- die darauf abgestimmten Inhalte zu benennen,
- die zielspezifische Methodik,
- die lernorganisatorische Struktur und
- die jeweiligen didaktischen Methoden, Medien usw. zu beschreiben.
- Daran anschließend sind Lehr-/Lernziel-Kontrollen zu präzisieren.

1. Das Ziel-System

Die Entwicklung eines Curriculums nimmt, wie erläutert, ihren Ausgang bei der Formulierung von Lehr-/Lernzielen. Für uns sind in diesem Zusammenhang zunächst drei generelle Aspekte relevant:

- Die Ziele des gesamten Programms lassen sich als *„Lehr-/Lernziel-Taxonomie"* beschreiben. Sie stehen nämlich in Über- und Unterordnungsverhältnissen. Ein übergeordnetes Ziel bestimmt als „Leitziel" das gesamte Programm. Und „Richtziele" spiegeln schwerpunktmäßige Ziel-Orientierungen wider. Den Leitzielen untergeordnete „Grobziele" stellen Differenzierungen der Richtziele dar.

- Diese Taxonomie dient aber nur als *Orientierungsrahmen*. Da nämlich die Lehre eines Supervisionsmodells an erwachsenen Menschen erfolgt, die, wie soeben erläutert, in der Regel bereits ein relativ hohes Autonomie-Niveau und vielfältige Kompetenzen vor Beginn der Ausbildung erworben haben, scheint es nicht sinnvoll, eine Taxonomie zu entwerfen, bei der Grobziele in allen Details festgelegt werden oder gar die Feinziel-Ebene präzise ausformuliert ist. Vor allem die anthropologischen Prämissen des zugrundeliegenden Ansatzes, wonach der Mensch als Subjekt zu begreifen ist, legen es nahe, einen breiten didaktischen Gestaltungsraum für Lehrende und Lernende zu garantieren.

- Wie die Curriculum-Forschung propagiert, sollten die Ziele als Gesamt *pragmatische* Orientierungen enthalten, d.h. sie sind an der späteren Supervisionspraxis der Ausbildungskandidaten zu entwickeln. In sie müssen aber auch *normative Orientierungen* einfließen.

Im folgenden sollen nun zunächst das für die gesamte Ausbildung maßgebliche Leitziel, danach die drei zentralen Richtziele dargestellt werden. Unter Bezugnahme auf diese Richtziele werden wir die jeweiligen Grobziele mit ihren pragmatischen und/oder normativen Orientierungen beschreiben.

1.1. Das Leitziel

Das Leitziel der gesamten Ausbildung besteht in der Förderung qualifizierter, supervisorischer Arbeit. Als eine solche verstehen wir – auf dem Hintergrund unseres Ansatzes – die professionelle Beratung beruflicher Praxis. Sie soll konstruktive Veränderungen von einzelnen Menschen, Supervisand wie Klient, ihrer jeweiligen Beziehungen und der sie umgebenden sozialen Systeme befördern. Als „konstruktive Veränderung“ durch Supervision begreifen wir die Erhöhung der Effizienz beruflicher Praxis, wie auch ihre humanere Gestaltung.

1.2. Die Richtziele mit ihren jeweiligen Grobzielen

Zur Realisierung des Leitzieles sind, wie angekündigt, auf der nächsten Ziel-Ebene mehrere „Richtziele“ zu formulieren, d.h. Ziele, an denen die Ausbildung in bereits konkretisierbarerer Weise auszurichten ist. Und diese Richtziele finden in Grobzielen einen noch prägnanteren Niederschlag.

In der Lehre eines Supervisionsansatzes geht es, wie bei der Lehre jeder agogischen Arbeitsform, um Veränderungen von Ausbildungskandidaten, bzw. um Anstöße zu konzeptgerechten Entwicklungen. Dabei muß Veränderung in den Punkten erfolgen, die das Praktizieren des spezifischen Ansatzes erfordert. Das sind in unserem Fall:

- sachlich begründbare Kompetenz-Erhöhungen, die Supervisoren als professionelles Handwerkszeug bei Realisierung ihrer Arbeit benötigen.
- Daneben sind personale Kompetenz-Erhöhungen individueller und sozialer Art zu fordern.
- Entsprechend dem Leitziel ist im Zielkatalog aber auch eine normativ zu begründende Förderung mitmenschlicher Haltungskompetenzen vorzusehen.

1.2.1. Richtziel A: Erhöhung professioneller Kompetenzen mit den Grobzielen a,b,c

Wenn wir Supervision als eine Form angewandter Sozialwissenschaften begreifen, ergibt sich unter pragmatischen Gesichtspunkten, daß die Supervisorenausbildung auf Erhöhung professioneller Kompetenzen abzielen muß.

Als „Erhöhung professioneller Kompetenzen" sind drei Cluster von Grobzielen zu nennen, die sich nach unterschiedlichen Ansprüchen an die Ausbildungskandidaten differenzieren lassen:
- Erweiterung professioneller Kenntnisse,
- Erweiterung professioneller Fertigkeiten und
- Erweiterung professioneller Fähigkeiten.

(1) Grobziel A.a: Erweiterung professioneller Kenntnisse
Als „Kenntnisse" sind rational zu erwerbende Kompetenzen, also „Wissen", zu verstehen.

Das Ziel der Ausbildungsdidaktik besteht auf dieser Ebene in der rationalen Aneignung der im 1. Kapitel beschriebenen „Wissensstruktur".

Erweiterung professioneller Kenntnisse zielt dann auf rationale Aneignung
- der Konzepte des Meta-Modells,
- der Konzepte auf Theorie-Ebene,
- der supervisionstheoretischen Konzepte und
- der maßgeblichen praxeologischen Ansätze.

(2) Grobziel A.b: Erweiterung professioneller Fertigkeiten
Als „Fertigkeiten" sind professionelle Handlungskompetenzen zu verstehen, die Kandidaten im Verlauf der Ausbildung erwerben sollen. Sie setzen die Internalisierung von Theorie- und Methoden-

konzepten in der Weise voraus, daß sie Kandidaten in einem selbstverantworteten Rahmen anwenden können.

Die Ausbildungsdidaktik zielt also darauf, daß Kandidaten Möglichkeiten erwerben, das theoretische und methodische Inventarium

- in unterschiedlichen Settings und Kontexten sowie
- zu unterschiedlichen Supervisandenthemen konzeptgerecht anzuwenden.

(3) Grobziel A.c: Erweiterung professioneller Fähigkeiten

Als „professionelle Fähigkeiten" sind Kompetenzen zu bezeichnen, die vielfältige Kenntnisse und Fertigkeiten voraussetzen und die eigenständige und elaborierte Umsetzung des Ansatzes erlauben. Als „professionelle Fähigkeit" ist darüber hinaus realistisches Erkennen der Grenzen des Ansatzes, wie auch der personalen Kompetenzgrenzen eines jeweiligen Ausbildungskandidaten bei sich selbst zu bezeichnen. Es handelt sich also um eine professionelle „Meta-Kompetenz".

- Da nämlich kein Supervisionsmodell und keine noch so qualifizierte Supervisionsdidaktik, wie auch keine Theorie und kein Methodenkonzept allein, für jeden konkreten Anwendungsfall Anspruch auf absolute Geltung erheben kann, müssen Kandidaten Möglichkeiten erwerben, mit denen sie sich im Bedarfsfall noch nicht bestehende „Zusatzkompetenzen" erarbeiten.

- Und da der gelehrte Supervisionsansatz nicht für alle Anwendungsfälle Gültigkeit beanspruchen kann und sich auch nicht jeder Supervisor für die Arbeit in jedem Setting, in jedem Feld oder für die Bearbeitung jedes Themas eignet, besteht ein Ziel der Didaktik darin, die Kandidaten beim Erkunden der Grenzen des Ansatzes und ihrer eigenen „Grenzen" zu unterstützen.

1.2.2. Richtziel B: Erhöhung personaler Kompetenzen mit den Grobzielen a und b

Bei Supervision, als Beratungsform, handelt es sich, wie für jede professionelle Praxis postuliert (SCHREYÖGG 1991a), um interaktives Geschehen. Aus dieser Sicht unterstellt der vorliegende Ansatz, daß in alle supervisorischen Kommunikationsakte auch personale Anteile des Supervisors einfließen. So sind im Rahmen der Supervisoren-Ausbildung diese ebenfalls zu fördern. Welche speziellen Intentionen eine Didaktik in diesem Zusammenhang verfolgen soll, kann erst in aktuellen Lehr-/Lern-Situationen, im Rahmen sinnverstehender Dialoge zwischen Lernenden und Lehrenden, ermittelt werden. Das Curriculum sieht aber auch hier grundlegende Ziele zur Orientierung vor.

Entsprechend dem Meta-Modell, bzw. dem multiparadigmatischen Verständnis des zugrundeliegenden Ansatzes, ist in seiner Didaktik zu diesem Bereich ein

- Grobziel sozialer und ein
- Grobziel individueller Art vorgesehen.

(1) Grobziel B.a: Erhöhung sozialer Kompetenz-Komponenten
Als „soziale Kompetenz-Komponenten" will ich all die Möglichkeiten eines Supervisors bezeichnen, mit denen er soziale Situationen erkennt und in ihnen handelt. In diesen Kompetenz-Bereich gehört es dann, daß er seine relevantesten Erfahrungen interaktiver und systemischer Art kennenlernt, sie erweitert, verfeinert und eventuell modifiziert.

Auf dem Hintergrund phänomenologischer Erkenntnispositionen des Ansatzes muß Erhöhung der Kompetenz in diesem Bereich darauf abzielen, daß der Supervisor komplexe soziale Situationen mehrperspektivisch wahrnehmen und auf sie flexibel reagieren kann. In diesem Zusammenhang ist zu fordern, daß er sich generell als flexibler Dialogpartner erweist.

(2) *Grobziel B.b: Erhöhung individueller Kompetenz-Komponenten*
Als „individuelle Kompetenz-Komponenten" sind all die personalen Möglichkeiten zu fassen, die der Supervisor als je einmaliger Mensch in jede beliebige soziale Situation hineinträgt. Das sind dann seine biographisch erworbenen Möglichkeiten und Defizite ebenso, wie sein aktueller, individueller Entwicklungsstand.

Erhöhung seiner individuellen Kompetenzen besteht dann einerseits darin, hervorstechende, historisch erworbene Defizite zu „begradigen" und andererseits seine gegebenen Potentiale zu erweitern.

Generelles Ziel wäre hier, „komplexe Bewußtheit" zu schaffen, d.h. „sich selbst in einem gegebenen Umfeld wahrzunehmen", die „eigenen Bedürfnisse und Interessen verantwortlich und adäquat zu regulieren", die eigenen „Potentiale zu erhalten", „zu entfalten und Sinn für das gemeinschaftliche und persönliche Leben zu gewinnen" (PETZOLD o.J.). Solche Zielsetzung schließt dann auch ein, daß die Ausbildungskandidaten ihre „kreativen" Potentiale entfalten, d.h. bislang bestehende Wahrnehmungs- und Handlungsgrenzen zu überschreiten lernen.

1.2.3. Richtziel C: Förderung mitmenschlicher Haltungs-Komponenten mit den Grobzielen a und b

Über die bisher beschriebenen, pragmatisch zu verstehenden Ziele von Kompetenz-Förderung hinaus, bedarf eine Didaktik des vorliegenden Ansatzes auch eines normativen, genauer eines ethischen Richtzieles. Wie eingangs ausgeführt, muß ein Supervisionsmodell neben pragmatischen Intentionen auch solche mit ethischem Gehalt transportieren. Dementsprechend sollte auch ein Richtziel der Didaktik des Ansatzes diesen ethischen Intentionen Rechnung tragen.

Das hier relevante Richtziel besteht in der Förderung einer „guten mitmenschlichen Haltung". Auch dieses Ziel läßt sich, wie das vorhergehende, nur in aktuellen Dialogen konkretisieren, ihm lassen sich aber, im Sinne grober Zielvorgaben, zwei nuanciert unterschiedliche Grobziele zuordnen:

(1) Grobziel C.a: Förderung kritisch-emanzipatorischer Haltungen
Wie im Verlauf der Modelldarstellung zur „ethischen Dimension von Supervision" gezeigt, gilt es im Rahmen der Supervisorenausbildung, das kritische Urteilsvermögen des Kandidaten gegenüber ethischen Fragestellungen zu schärfen. Das betrifft seine Arbeit und die seiner Supervisanden ebenso, wie das Handeln von deren Interaktionspartnern. Es gilt aber auch für die Bedingungen in sozialen Systemen und für gesellschaftliche Zusammenhänge insgesamt.

(2) Grobziel C.b: Förderung gesellschaftlicher Verantwortlichkeit
Wie im konzeptionellen Teil ebenfalls angesprochen, kann es der Supervisor bei einer, womöglich unverbindlichen, Kritik des Bestehenden nicht belassen. Er muß parteilich sein und Bereitschaft zur Übernahme von Verantwortung gegenüber menschlichem Leben und menschlichen Lebensbedingungen entfalten.

So besteht ein Ziel der Didaktik auch darin, die Bereitschaft zur engagierten Verantwortung zu fördern.

2. Inhalte der Didaktik

Zur Bestimmung didaktischer Inhalte sind für unseren Zusammenhang folgende Gesichtspunkte von Bedeutung:

- Wie für Curricula grundsätzlich vorgesehen, sollten Inhalte auf dem Hintergrund einer vorab formulierten Zielstruktur stehen.
- Ihre Auswahl ist am aktuellen Stand sozialwissenschaftlicher Diskussion auszurichten und
- die Inhalte sollten exemplarischen Charakter haben. Da nämlich im Verlauf einer längerfristigen Supervisionsausbildung niemals alle für Supervision, aber auch für unser Modell, bzw. seine didaktische Zielstruktur, relevanten Inhalte gelehrt werden können, müssen Inhalte ausgewählt werden, in denen sich in möglichst prägnanter Weise der Lehrstoff verdichten läßt.
- Außerdem sollte für die Auswahl der Inhalte das Niveau der Ausbildungskandidaten, im Sinne formaler Vor-, Fort-, Zusatzausbildungen und Berufstätigkeiten, berücksichtigt werden. Wie schon bei den Zielen erläutert, ist auch für die Inhalte zu fordern, daß sie „anschlußfähig" sind (SIEBERT 1992), also an die bereits bestehenden Möglichkeiten der Teilnehmer anknüpfen. So stellen auch die inhaltlichen Vorgaben einen Orientierungsrahmen dar, der je nach Feldkompetenz, Vorbildung, speziellen Interessenlagen der Teilnehmer akzentuiert werden muß.

Im folgenden wollen wir zunächst die Inhalte der Didaktik nach den Richt- und Grobzielen gegliedert darstellen. Obwohl wir die lernorganisatorische Struktur erst in einem späteren Kapitel ausführlich verhandeln, müssen wir zur Verdeutlichung der Inhalte schon an dieser Stelle immer wieder auf die dort gemachten Ausführungen vorgreifen. Auf diese Weise wird dann auch deutlich, daß Inhalte und die lernorganisatorischen Bedingungen eine gewisse Interdependenz aufweisen.

2.1. Inhalte zu Richtziel A

Die Inhalte zu Richtziel A sind zu großen Teilen durch die Wissensstruktur des zugrundeliegenden Modells definiert. Diese Inhalte sollen aber im weiteren noch einer jeweiligen Grobziel-Ebene zugeordnet werden.

2.1.1. Inhalte zu Grobziel A.a

Hier geht es um Inhalte, die den Erwerb rationaler Kenntnisse garantieren sollen, die ein Supervisor unseres Ansatzes als professionelles Grundgerüst benötigt. Durch das einschlägige Lehrbuch ist bereits eine inhaltliche Vorauswahl mit exemplarischem Charakter getroffen. Die dort beschriebenen Inhalte müssen aber von den Lehrpersonen und den Lernenden durch Neuerscheinungen in der Fachliteratur oder feldspezifisches Zusatzwissen angereichert und modifiziert werden.

Als grundlegende Inhalte sind hier zu nennen:

- Präzisierung und Neubestimmung des Gegenstandes von Supervision, so wie er sich aus der „Gegenstandsgeschichte" entwickelt hat,
- Menschenbilder und Paradigmen, die supervisions-relevanten Theorien und Methoden zugrundeliegen,
- die Ethikdebatte von Supervision,
- Konstruktionsregeln für integrative Handlungsmodelle,
- die im Meta-Modell enthaltenen phänomenologischen Konzepte anthropologischer und erkenntnistheoretischer Art,
- Funktion, Anwendung und Auswahlkriterien von Theorien für die Supervision aus phänomenologischer Sicht,
- supervisionstheoretische Inhalte wie die Zielstruktur des Modells, seine Rekonstruktionsformen, seine Wirkungsfaktoren, sein Interaktionsstil und Anweisungen zur Handhabung unterschiedlicher Supervisionssituationen,
- praxeologische Inhalte zum „rationalen Dialog", zu den verwendeten therapeutischen Verfahren, zur Anwendung von „Materialmedien" in der Supervision, zum Prozeßmodell,
- spezifische supervisionsrelevante Theorien, wie unterschiedliche Organisationstheorien, psychoanalytische, sozialpsychologische und kommunikationstherapeutische Ansätze mit ihrem jeweiligen Bezug zum Meta-Modell,
- alle derzeit bekannten Konzepte zu „Mehrpersonen-Settings", d.h. der Gruppen- und der Teamsupervision.

2.1.2. Inhalte zu Grobziel A.b

Auf dieser Ziel-Ebene geht es um den Erwerb professioneller Fertigkeiten. Die für dieses Ziel relevanten Inhalte bestehen dann in der Einübung konzeptgerechter

- Theorie- und
- Methodenanwendung.

Im Vordergrund stehen inhaltlich die ins Modell integrierten Theorien und Methoden in ihrer Anwendung auf unterschiedliche Themen und Settings sowie in unterschiedlichen Arbeitsfeldern. Wie wir auf lernorganisatorischer Ebene noch sehen werden, erhalten die Ausbildungskandidaten im Verlauf der Ausbildung vielfältigen Raum, Theorie- und Methodenanwendung des Ansatzes einzuüben, bzw. diesbezügliche Fertigkeiten zu entwickeln.

2.1.3. Inhalte zu Grobziel A.c

Bei diesem Grobziel geht es bereits um den Erwerb komplexer professioneller Fähigkeiten, nämlich um die elaborierte Anwendung der Integrativen Supervision in unterschiedlichen Settings und Kontexten. Hier hatten wir als weitere Teilziele das Erkunden der eigenen Grenzen, wie auch der Grenzen des Ansatzes formuliert.

In diesen Bereich gehören Inhalte, die sich lernorganisatorisch vorrangig bei eigenen Anwendungsversuchen der Kandidaten in autonomen Praxiszusammenhängen realisieren lassen und die in ihrer Lehreinzelsupervision genauer bearbeitet werden; denn die Inhalte zur Erreichung dieses Lernzieles bestehen in der „unvermuteten“ Konfrontation mit unterschiedlichen Themen, Settings und Kontexten.

Solche Inhalte lassen sich innerhalb eines Curriculums nur strukturell umschreiben; denn sie begegnen den Ausbildungskandidaten im Prinzip erst in der eigenen Arbeit. Das gilt dann letztlich analog für das Erkunden der eigenen Grenzen, wie auch der Grenzen des Ansatzes. Solche Aspekte werden im Zusammenhang mit der „Lehreinzelsupervision“ noch einmal ausführlicher aufgegriffen.

2.2. *Inhalte zu Richtziel B: Erhöhung personaler Kompetenzen*

Bei diesem Richtziel geht es um die Erhöhung personaler Kompetenzanteile der Kandidaten. Wir hatten diesem Richtziel zwei unterschiedliche, aber selbstverständlich zusammenhängende Grobziele zugeordnet. Von diesen besteht das eine in der Erhöhung individueller Kompetenzkomponenten und das andere in der Erhöhung sozialer.

Zur Realisierung beider Grobziele dient inhaltlich *„Selbsterfahrung in der Supervisorenausbildung"*.

Da dieser Begriff vielfach als Inhalt von Supervisorenausbildungen auftaucht (vgl. BOETTCHER/LEUSCHNER 1990), bislang aber noch wenig präzisiert wurde, soll er hier zunächst, im Rahmen eines Exkurses, inhaltlich genauer umrissen werden.

Exkurs (5): „Selbsterfahrung" in der Lehre von Supervision

„Selbsterfahrung" ist als vertiefte Form der Auseinandersetzung des Einzelnen mit seinen auch prärationalen Deutungs- und Handlungsmustern zu bezeichnen, die er in sozialen Situationen aktueller und/oder historischer Art erworben hat und/oder realisiert (SCHREYÖGG 1993b).

Sie hat in der Lehre agogischer Handlungsmodelle mittlerweile einen festen Platz. Ihr Ursprung liegt in der Psychotherapie-Didaktik. Sie wurde dann in der dort praktizierten Form meist unverändert auf die Lehre von Supervision übertragen. Das scheint mir aber aus verschiedenen Gründen problematisch. Ihre Ziele, Inhalte, Methodik, Settings, lernorganisatorische Anordnung usw. bedarf in einem expliziten didaktischen Ansatz genauerer Überlegungen.

Anhand einer kursorischen Auseinandersetzung mit der Selbsterfahrungspraxis in der Lehre von Psychotherapie werde ich zunächst deutlich machen, daß „Selbsterfahrung als didaktisches Element" sowohl mit dem zu lehrenden Ansatz, als auch mit dessen Didaktik kompatibel sein muß. Im anderen Fall ergeben sich kontraproduktive Effekte. Im Anschluß an diese Klärungen soll „Selbsterfahrung in der Lehre Integrativer Supervision" präzisiert werden.

(1) „Selbsterfahrung" in der Lehre von Psychotherapie

„Selbsterfahrung" als didaktischer Bestandteil in der Lehre von Handlungsmodellen resultiert, wie schon bemerkt, aus Traditionen der Psychotherapie-Didaktik. Sie hat hier je nach dem zu lehrenden Ansatz, eine je unterschiedliche Form, d.h. verschiedene Inhalte, Settings und Methoden. Wenn in diesem Bereich auch noch kaum präzise Aussagen zur Didaktik insgesamt vorliegen, läßt sich doch behaupten, daß Selbsterfahrung in der Lehre von Psychotherapie nach einem grundlegenden Kriterium zu unterscheiden ist:

Sie kann, je nach dem zu vermittelnden Ansatz, „konzept-konform" oder „konzept-fern" sein. Das heißt Selbsterfahrung fügt sich als didaktisches Element nahtlos in die Lehre eines jeweiligen Ansatzes ein oder nicht.

(1.1.) Selbsterfahrung als konzept-konformer Bestandteil in der Lehre von Psychotherapie

Die Anforderung vertiefter Auseinandersetzung des angehenden Psychotherapeuten mit sich selbst wurde ursprünglich in der Psychoanalyse und in humanistisch-psychologischen Ansätzen transportiert. Sie etablierte sich also in solchen Verfahren, die qua Konzept den interaktiven Charakter psychotherapeutischen Geschehens antizipieren. Sie hat dabei zwei grundlegende Funktionen:

- In ihrer ursprünglichen Funktion sollte Selbsterfahrung der *Förderung personaler Kompetenzen* beim Ausbildungskandidaten dienen; denn interaktiv orientierte Ansätze betrachten die Persönlichkeit des Therapeuten grundsätzlich als wichtiges Agens von Psychotherapie. Erhöhung seiner personalen Qualifikation ist hier deshalb immer als wichtiges Ziel der Didaktik begriffen. Selbsterfahrung kann dabei, je nach Ansatz, inhaltlich auf Veränderung unterschiedlicher Aspekte des individuellen und sozialen So-Seins der Kandidaten gerichtet sein.

- Daneben hat Selbsterfahrung aber auch eine Sozialisationsfunktion; denn sie wird bei dieser Gruppe von Ansätzen mit genau den Zielen, Inhalten, Methoden usw. bestritten, die für den Ansatz charakteristisch sind. Selbsterfahrung, als Bestandteil der Therapie-Didaktik, garantiert dann, daß der Kandidat den Ansatz an sich selbst und damit eine sukzessive *konzept-spezifische Sozialisation* erfährt. So ist sie, neben der rationalen Theorie- und

Methodenvermittlung, ein unverzichtbares Element in der Lehre dieser Gruppe von Ansätzen.

In welcher Weise diese beiden Funktionen durch Selbsterfahrung erfüllt werden, bzw. welche spezifischen Ziele, Inhalte, Settings und Methoden in einzelnen „selbsterfahrungs-nahen" Therapie-Didaktiken im Vordergrund stehen, kann sehr unterschiedlich sein. Wir wollen das anhand (a) psychoanalytischer, (b) aus der Psychoanalyse entwickelter Ansätze und (c) solcher untersuchen, die unabhängig von der Psychoanalyse entstanden sind.

(a) Das Postulat von Selbsterfahrung der Therapeuten nimmt schon bei FREUD seinen Ausgang. Er forderte für jeden *Psychoanalyse*-Kandidaten eine sogenannte Lehranalyse. In deren Verlauf sollte dieser seine eigenen Übertragungs-/Gegenübertragungs- sowie Widerstandsbereitschaften kennen, überwinden bzw. in reflexiver Weise handhaben lernen.

Auf dem Hintergrund traditioneller psychoanalytischer Konzepte und Behandlungsstrategien schien dies notwendig, weil der Therapeut generell als neutraler Projektionsschirm für die Übertragungen des Klienten dienen und sie nicht mit seinen eigenen prärationalen, individuell-historisch gebildeten Interaktionsmustern wahllos beantworten sollte (HÄMMERLING-BALZERT 1978). Und in einem hermeneutischen Verständnis (LORENZER 1970) war und ist vom Therapeuten gefordert, alle seine verbalen Deutungen zu den Äußerungen des Klienten möglichst übertragungsfrei, d.h. ohne unreflektiert typisierende Voreingenommenheiten, die aus seiner eigenen Genese resultieren, vorzunehmen.

In modernen psychoanalytischen Ansätzen, wo die Bedeutung „narzißtischer Übertragungen" (KOHUT 1971) oder „narzißtischer Projektionen" (RICHTER 1969) herausgearbeitet wurde, erhält die Beschäftigung mit der Therapeutenpersönlichkeit noch eine weitere Bedeutung: Eigene, abgespaltene, d.h. vom Selbst nicht akzeptierte Emotionen oder Strebungen, sei es exzessive Angst, Aggressivität, unangemessene „Helfersyndrome" (SCHMIDBAUER 1977) u.a., müssen vom Therapeuten reintegriert werden. Im anderen Fall sind ihm entsprechende Phänomene des Klienten innerlich nicht nachvollziehbar, rufen Widerstand hervor oder sie werden, aus einer Vermeidungshaltung des Therapeuten, beim Klienten womöglich gar nicht evozierbar (KERNBERG 1975, THOMÄ / KÄCHELE 1988).

Solche Anforderungen kann der Therapeut, nach Meinung einschlägiger Autoren (z.B. WALLERSTEIN 1981), aber nur dann einlösen, wenn er möglichst alle seine historisch entstandenen Emotionen und Handlungsweisen im Rahmen einer Eigen- bzw. Lehranalyse, mit einem eigens dafür autorisierten „Lehrtherapeuten", systematisch – bis in die geheimsten Facetten – kennengelernt hat.

Entsprechend dem psychoanalytischen Entwicklungsmodell stand und steht dabei die erlebnishafte Auseinandersetzung des angehenden Psychotherapeuten mit den eigenen familialen Interaktionen im Verlauf der ersten fünf Lebensjahre im Vordergrund (THOMÄ/KÄCHELE 1988).

(b) In der Folgezeit etablierten sich auch in der Lehre humanistisch-psychologischer Ansätze differenzierte Formen prozessualer Selbsterfahrung. Besonders in psychodynamisch orientierten Verfahren, also solchen, die der Psychoanalyse nahestehen, wie etwa die Gestalttherapie (siehe Ausbildungsstandards einschlägiger Institute, FPI-Düsseldorf, IGW-Würzburg usw.), finden wir entsprechende Ausbildungselemente.

Bei diesen selbsterfahrungs-orientierten Aktivitäten soll sich der angehende Therapeut ebenfalls mit seinem eigenen individuellen So-Sein bzw. seinen unbewußten Interaktionsbereitschaften, die er historisch gebildet hat, auseinandersetzen. Ähnlich der Psychoanalyse wird die Therapeutenpersönlichkeit auch hier als wesentlich für die Interaktion mit dem Klienten betrachtet, ja sie gilt sogar als das entscheidende Medium von Psychotherapie (SÜSS/MARTIN 1978).

Da moderne, psychodynamisch orientierte Verfahren allerdings nicht mehr auf das psychoanalytische Phasenmodell rekurieren, bzw. meistens lebenslange Prägbarkeit postulieren (PETZOLD 1984a), ist die Lehranalyse, oder an ähnlichen Intentionen ausgerichtete Ausbildungsteile, in diesen Ansätzen auch nicht auf die Auseinandersetzung mit den ersten fünf Lebensjahren begrenzt. Hier wird vielmehr, wie etwa in der Lehre von Gestalttherapie, auf eine generelle Rekonstruktion noch „nicht geschlossener Gestalten", d.h. noch nicht verarbeiteter Erfahrungen abgezielt (SÜSS/MARTIN 1978). Selbsterfahrung intendiert in diesen Ansätzen dann auch nicht die systematische Aufarbeitung phasen-spezifischer, frühkindlicher Defizite, sondern die exemplarische Aufarbeitung hervorstechender Verengungen. Bei gestalttherapeutischen Lehranalysen steht dann eher die Lockerung oder Auflösung genereller, hervorstechender Übertragungen im Vordergrund – und besonders die umfassende Reintegration abgespaltener Emotionen (ebenda 1978).

Entsprechend den, gegenüber der Psychoanalyse, umfassenderen Therapiezielen dieser Verfahren wird gleichlaufend mit der Bearbeitung defizitärer Phänomene, zunehmende Erweiterung der Wahrnehmungs- und Erlebnisfähigkeit des Ausbildungskandidaten angestrebt. Als entscheidende Intention gilt nämlich, daß der Therapeut für Klienten und ihre Themen als möglichst breiter und tiefer „Resonanzkörper" dienen soll.

Anders als in der klassischen Psychoanalyse findet intensive Auseinandersetzung mit sich selbst hier nicht nur in dem intimen, dyadischen Rahmen statt, sondern – fast ebenso umfassend – im gruppalen Verband. Dies wird auch für wichtig erachtet, um traumatische, historisch gebildete Sozialerfahrungen mit ihren entsprechenden Gefühlsblockaden in solchem zu evozieren und zu bearbeiten (PETZOLD 1982). In diesem sozialen Verband sollen aber auch neue Erfahrungen, im Sinne komplexer Sozialität, ermöglicht werden und damit eine generelle Erweiterung von Deutungs- und Handlungsmustern der Therapeutenpersönlichkeit. Die Leitung solcher Gruppen liegt auch hier in der Hand von eigens dafür autorisierten Lehrtherapeuten. Durch ihre fachliche Führung sollen im Bedarfsfall regressive Eskalationen des Einzelnen und solche der Gesamtgruppe vermieden werden.

(c) Umfassende Selbsterfahrungssequenzen des angehenden Therapeuten sehen aber auch humanistisch-psychologische Verfahren vor, die unabhängig von der Psychoanalyse entstanden sind, wie etwa das Psychodrama (PETZOLD 1984b). Hier besteht, entsprechend den Implikationen dieses Ansatzes, die Funktion von selbsterfahrungs-orientierten Ausbildungsteilen in der generellen menschlichen Förderung des Therapeuten innerhalb eines sozialen Verbandes (BUER 1989). Dabei steht besonders die Entwicklung von Rollenflexibilität, also die Erweiterung von Handlungsmustern im Vordergrund. Zur Erweiterung dieser Muster findet eine intensive, erlebnishafte Auseinandersetzung des angehenden Therapeuten mit seinen historisch gebildeten Blockierungen von Gefühls- und Expressionsmöglichkeiten im aktuellen sozialen Rahmen statt. Die Leitung solcher Ausbildungs-Sequenzen obliegt einem eigens dafür autorisierten Psychodrama-Leiter. Er verwendet dabei das Methodeninventarium des Psychodramas.

(1.2.) Selbsterfahrung als konzept-fremder Bestandteil in der Lehre von Psychotherapie

In den letzten Jahren hat es sich durchgesetzt, auch in der Lehre von Ansätzen, die qua Konzept Therapie ursprünglich nicht als interaktives Geschehen begreifen, wie etwa die Verhaltenstherapie, Selbsterfahrung als didaktisches Element zu verwenden; hier ging es ja ursprünglich nur um eine linear verstandene Veränderung von Klienten, die unabhängig von der personalen Qualifikation des Therapeuten gedacht war.

Im Zuge schulen-übergreifender Auseinandersetzungen erkennen derzeit auch Verhaltenstherapeuten (z.B. GRAWE 1988) immer deutlicher, daß in jeder Psychotherapie interaktive Faktoren präsent sind. So geht es ihnen bei der Lehre der Verhaltenstherapie heute gleichfalls um die Förderung personaler Kompetenzen angehender Therapeuten. Und für diesen Zweck „bauen" sie dann Selbsterfahrungssequenzen in ihre Lehrprogramme ein (z.B. Curriculum der FernUni Hagen zur Ausbildung von Verhaltenstherapeuten). Sie müssen dann neben der laufenden Theorie- und Methodenvermittlung absolviert werden.

Dabei herrscht aber oft Unsicherheit, welche Inhalte, Settings und Methoden für die Selbsterfahrung maßgeblich sein sollen. Im allgemeinen wird auf Formen zurückgegriffen, die sich in der Therapieausbildung anderer Verfahren bewährt haben oder die umfassende Entwicklung der Therapeutenpersönlichkeit vorsehen. Das ist vielfach die Gestalttherapie oder das Psychodrama. Diese Ansätze kommen aus Sicht solcher Verwender auch deshalb gut infrage, weil in ihnen nicht nur Defizite bearbeitet werden, sondern Potentialerweiterungen intendiert sind. Außerdem werden durch sie individuelle und soziale Personalaspekte angesprochen und gefördert.

So sinnvoll die Ursprungsintention solchen Vorgehens zunächst scheinen mag, birgt sie doch gravierende Probleme:

Die Selbsterfahrung kann dabei nicht in die Lehre des Gesamtansatzes integriert werden; denn hier ist nur die eingangs von mir postulierte Funktion der personalen Entwicklung von Therapeuten relevant.

Die Bedeutung von Selbsterfahrung, als methodische Maßnahme zur „konzeptspezifischen Sozialisation von Therapeuten", läßt sich auf diese Weise nicht bewerkstelligen, bzw. sie droht sogar behindert zu werden. Bei solchem Vorgehen sind nämlich grundsätzlich zwei Konsequenzen möglich: entweder die Therapie-Ausbildungskandidaten lassen sich auf die „konzept-fremde" Selbsterfahrung nicht ernstlich ein, so daß sie keine Effekte erbringt. Oder wenn sie sich einlassen, übernehmen sie oft unbemerkt Implikationen des Selbsterfahrungs-Ansatzes für ihre spätere therapeutische Praxis. Auf diese Weise besteht dann Gefahr, daß das Verfahren, das erlernt werden soll, durch die Lehre „verunreinigt" wird.

Nun ist zwar in den letzten Jahren ohnedies zu beobachten, daß sich therapeutische Schulen aufeinanderzubewegen, d.h. zunehmend mehr Gemeinsamkeiten als Unterschiede betont werden (PETZOLD 1993). Bei einer qualifizierten, konzept-spezifischen Didaktik bedürfen solche „Anschlußstellen" aber noch genauerer Reflexion.

Auf seiten der verwendeten Selbsterfahrungsansätze werden aber auch zunehmend Bedenken laut. Wie etwa BUER (1989b) für das Psychodrama treffend bemerkt, kann dieser Ansatz eigentlich nicht aus rein pragmatischen Erwägungen angewandt werden. Da er in allen seinen Teilen auf eine spezifische Anthropologie gegründet ist, wird ihm, durch ausschnitthafte Verwendung in lediglich pragmatisch verstandener Selbsterfahrung, „Gewalt angetan". So müßten im Prinzip auch die Selbsterfahrungs-Trainer, die solche, konzeptionell zu kurz gegriffenen Veranstaltungen bestreiten, die Bedeutung ihres Tuns kritischer überdenken als bisher.

(2) Selbsterfahrung in der Lehre von Supervision

Selbsterfahrung gehört seit einigen Jahren auch in das Repertoire von Ausbildungsinstituten für Supervision. Sie ist dabei noch häufiger als bei therapeutischen Ansätzen in die Lehre nicht integriert oder nicht integrierbar. Wir finden hier allerdings selten basale Konzeptionen, noch seltener ausgearbeitete Curricula, dementsprechend auch keine präzisen Beschreibungen, was durch Selbsterfahrung erreicht werden soll und welche Inhalte, Settings usw. zu unterlegen sind. So finden wir auch keine Aussagen, wie sie in den jeweiligen didaktischen Ansatz einzufügen ist und in welchem Verhältnis sie zum vermittelten Ansatz steht.

Nach einer knappen Darstellung zentraler Probleme von konzept-fremder Selbsterfahrung in diesem Bereich will ich Selbsterfahrung in der Lehre Integrativer Supervision vorstellen, die als „konzept-konforme" kompatibel ist mit dem maßgeblichen Curriculum, das wiederum aus dem zu lehrenden Supervisionsansatz abgeleitet ist.

(2.1.) Selbsterfahrung als konzept-fremder Bestandteil in der Lehre von Supervision

Auch in der Lehre von Supervisionsansätzen finden wir Intentionen, daß der angehende Supervisor in seiner personalen Kompetenz geschult werden soll. Dabei bleibt ebenfalls meistens unklar, wie die Selbsterfahrung inhaltlich, methodisch usw. angelegt sein soll.

Hier begegnen uns zum einen (1) die Probleme, die wir schon im Zusammenhang mit konzept-fremder Selbsterfahrung in der Therapieausbildung angesprochen haben. Uns begegnen aber (2) noch andere Komplikationen, die nur für die Ausbildung von Supervisoren spezifisch sind.

(1) Konzept-fremde Selbsterfahrung begegnet uns in all den Supervisionsausbildungen, wo das zu lehrende Supervisionsmodell zu dem für Selbsterfahrung maßgeblichen Ansatz in Widerspruch steht.

So vermittelt etwa ein Ausbildungs-Institut für Supervision einen Ansatz, bei dem kommunikationstherapeutische Konzepte mit ihrer objektivierenden Methodik, wie paradoxe Interventionen usw., im Vordergrund stehen. Für ausbildungsspezifische Selbsterfahrungssequenzen bedient man sich aber der Gestalttherapie als dezidiert subjektbezogenem Ansatz.

Da beide Verfahren, von den Meta-Modellen bis zur Praxeologie, diametral entgegengesetzte Implikationen aufweisen (SCHREYÖGG 1991a), kann solche Ausbildungspraxis nur als „unreflektierter Eklektizismus" bezeichnet werden. Für Ausbildungskandidaten mögen sich durch gestalttherapeutische Selbsterfahrung durchaus persönlichkeitsfördernde Effekte ergeben, als sinnvolle didaktische Maßnahme, im Hinblick auf das zu lehrende Supervisionsmodell, kann diese Kombination jedoch nicht bezeichnet werden. Wenn wir die Sozialisationsfunktion von Selbsterfahrung in Betracht ziehen, erzeugen die Ausbilder dieses Instituts im Prinzip gegenläufige Effekte zu ihrem Ausgangskonzept; denn Ziele, Inhalte und Methoden beider Ansätze sind so entgegengesetzt, daß die Ausbildungskandidaten durch solche eklektische Didaktik vermutlich kaum konsistente Denk- und Handlungsprofile entwickeln können.

(2) Mit derartigen Ausbildungspraktiken ist aber noch ein weiteres Problem verbunden: Wenn in einer Supervisorenausbildung wahllos Ausbildungsteile verwendet werden, die Therapieausbildungen entstammen, verschiebt sich bei den Kandidaten perspektivisch der Gegenstandsbereich von Supervision auf das Feld von Psychotherapie.

So ist es sicher auch nicht sinnvoll, bei der Lehre eines der Psychoanalyse nahen Supervisionsansatzes gruppenanalytische Sequenzen oder gar eine traditionelle Lehranalyse als didaktische Bestandteile vorzusehen. Auch hier kann es für die jeweiligen Kandidaten, aus privaten Gründen, durchaus sinnvoll sein, sich solchen Prozeduren zu unterziehen. Als didaktische Elemente von Supervisorenausbildungen sind derartige, genuin therapeutische Ausbildungsteile aber eher kontraproduktiv.

Supervision stellt doch eine Beratungsform dar, die auf berufliche Themen fokussiert ist. So müssen nicht nur die Supervisionsansätze selbst, sondern auch ihre Didaktik auf berufliche Fragestellungen zentriert bleiben. Selbsterfahrung in Supervisorenausbildungen, die wahllos aus der Therapie-Didaktik entlehnt ist und dementsprechend vorrangig therapierelevante Lebensthemen zum Inhalt hat, führt bei den Ausbildungskandidaten voraussichtlich eher zur Verwirrung oder Verwässerung ihres Gegenstandsverständnisses von Supervision.

(2.2.) Selbsterfahrung als konzept-konformer Bestandteil in der Lehre von Supervision

Die Lehre von Integrativer Supervision schließt demgegenüber konzept-konforme Selbsterfahrung ein. Sie soll im folgenden mit ihren Zielen, Inhalten, Settings und Methoden beschrieben werden.

(2.2.1.) Ziele der Selbsterfahrung

Die zentrale Funktion von Selbsterfahrung in der Lehre Integrativer Supervision besteht, ähnlich konzept-konformer Selbsterfahrung in den oben beschriebenen Therapie-Didaktiken, in der konzept-spezifischen Sozialisation der Ausbildungskandidaten. Das didaktische Konzept ist nämlich zu großen Teilen dadurch charakterisiert, daß Kandidaten den Ansatz an sich „selbst erfahren" oder seine

Wirkungen an anderen erleben. So stellt „Selbsterfahrung des Ansatzes" einen grundlegenden Schwerpunkt der gesamten Didaktik dar. Die durch Selbsterfahrung, allerdings im hier unterlegten Verständnis, verfolgten Ziele decken sich also weitgehend mit den basalen Zielen der Didaktik. Ihr kommt also nicht einfach eine personale Förderungsfunktion zu, die womöglich losgelöst vom Gesamtansatz realisiert werden soll.

Die spezifischen Ziele der Selbsterfahrung lassen sich dann anhand der oben beschriebenen Lernziel-Taxonomie, bzw. anhand der Richtziele (A-C) spezifizieren:

Richtziel A: Förderung der professionellen Kompetenz
Schon bei der Entwicklung von konzept-spezifischen Kenntnissen, Fertigkeiten und Fähigkeiten kommt Formen von Selbsterfahrung zentrale Bedeutung zu.

Kenntnisse, d.h. konzept-spezifisches Wissen von Theorien und Methoden, kann einerseits durch rationale Beschulung oder durch Selbststudium erworben werden. Es kann sich im Sinne von „living learning" (COHN 1975) aber erst verankern, wenn die Kandidaten mit einem jeweiligen Theorie- oder Methodenkonzept auch erlebnishafte Erfahrungen verbinden.

Solch eine, zunächst nur pragmatisch formulierte Forderung hat ihre Begründung vor allem in den anthropologischen Prämissen des gelehrten Ansatzes. In der Integrativen Supervision wird der Mensch ja als Körper-Seele-Geist-Subjekt begriffen. Aus diesem Grund ist es auch für die Lehre wichtig, diesem anthropologischen Postulat Rechnung zu tragen.

Das bedeutet in praxi, daß die Kandidaten jedes im Rahmen des Gesamtansatzes zu lehrende Theorie- und Methodenkonzept, neben der rein rationalen Beschulung auch an sich „selbst erfahren" sollen. Wenn es in einem Seminar um Übertragungs-/Gegenübertragungs-Konzepte in der Supervision geht, wird der Seminarleiter, neben der rationalen Vermittlung einschlägiger Theoriekonzepte, immer aktuelle oder historische Erfahrungen der Teilnehmer zu evozieren, zu rekonstruieren und zu bearbeiten suchen. Dabei empfiehlt es sich, zunächst Themen-Produktionen aus dem aktuellen gruppalen Rahmen oder aus kurz zurückliegenden Arbeitssituationen anzuregen. Auf die Intervention, „Wem gegenüber erlebt ihr besonders starke Gefühle, mit denen ihr euch jetzt auseinandersetzen möchtet", werden sich bald einige Teilnehmer zur Bearbeitung melden. Wenn auf diesem Wege unterschiedliche Übertragungskonstellationen in der Gruppe be- oder angearbeitet wurden, können diese bei einer anschließenden Theorie-Vermittlungs-Sequenz zur Veranschaulichung verwendet werden. Überdies lassen sich auf diese Weise auch die Kandidaten mit ihren gesamten menschlichen Möglichkeiten ansprechen.

Der Erwerb von *Fertigkeiten,* d.h. Handlungskompetenzen, ist durch einfache rationale Beschulung ohnedies nur begrenzt möglich. Jede konkrete Anwendung von Theorien und Methoden muß nämlich vom Kandidaten selbst eingeübt und durch Ausbildungsleiter korrigierend begleitet werden. So enthält jedes Seminar Übungsteile, in denen die Kandidaten bestimmte Theorien und Methoden untereinander anwenden können.

Neben pragmatischen Intentionen sind auch hier konzept-spezifische relevant: Integrative Supervision begreift jeden Supervisanden als handlungsfähiges Subjekt. Dies muß auch in der Lehre seinen Niederschlag finden. Deshalb werden die Kandidaten schon zu Beginn der Ausbildung angeregt, im geschützten Rahmen der Ausbildungsgruppe die jeweils gelehrten Konzepte untereinander anzuwenden.

In diesem Zusammenhang ergeben sich vielfältige Möglichkeiten der Selbsterfahrung. Die Kandidaten erleben sich im „Mikrokosmos" Gruppe in unterschiedlichen und wechselnden Rollenkonstellationen. Außerdem können sie auf diesem Wege laufend für sie relevante Themen bei sich und anderen bearbeiten.

So ist in jedem Seminar eine Übungsphase eingebaut. In dieser haben die Teilnehmer Gelegenheit, entweder als Supervisor oder als Supervisand seminar-spezifische und für sie relevante Themen zu bearbeiten. Wenn es bei einem Seminar etwa um die Aneignung psychodramatischer Methodik geht, können die Kandidaten gebeten werden, sich zu fünft zusammenzufinden und selbständig, mit einem designierten Supervisor, ein Arbeitsproblem eines designierten Supervisanden zu bearbeiten. Seminarleiter und Ko-Leiter stehen sequenzenweise beratend zur Seite und werden nach Beendigung der Übung, im Plenum, über das Wahrgenommene feed-back geben.

Besonders beim Erwerb *professioneller Fähigkeiten* ist Selbsterfahrung unverzichtbar; denn eine elaborierte Anwendung des Ansatzes läßt sich nur über vielfältige Auseinandersetzungen der Kandidaten mit sich selbst erwirken. Sie findet dann zu großen Teilen nicht mehr im Verband der Ausbildungsgruppe statt, sondern im Rahmen einer Dyade mit einem Lehreinzelsupervisor.

Im Vollzug seiner eigenen Praxisversuche erlebt der Kandidat im allgemeinen eine solche Fülle an Neuigkeiten am jeweiligen Gegenüber und an sich selbst, daß er eine Vielzahl von professionellen und personalen Defiziten an sich wahrnehmen, aber auch erweiternde Erfahrungen machen kann. Im Verlauf der Lehreinzelsupervision wird er dann angeregt, diese zu verdichten und konstruktiv zu nutzen. Hier steht ein emotional dichtes Setting bereit, in dem die Ausbildungskandidaten vom Dialogpartner nicht nur ihr Wissen und ihre Fertigkeiten gespiegelt erhalten, sondern sie erlangen hier auch menschlich angemessene Unterstützung, ihr eigenes Erleben und ihre Wirkungen im Verlauf der ersten Supervisionsarbeiten zu untersuchen und zu integrieren.

Richtziel B: Förderung personaler Kompetenzen
Selbsterfahrung dient, wie in der Lehre von Therapie-Ansätzen oder anderen Supervisions-Konzepten, selbstverständlich auch hier der Förderung personaler Kompetenzen. Da in dem zu lehrenden Ansatz Supervision grundsätzlich als interaktiver Prozeß begriffen wird, muß es auch ein Anliegen der Didaktik sein, die personale Kompetenz des Supervisors in individueller wie sozialer Hinsicht zu fördern.

Hier geht es einerseits um Auseinandersetzungen mit hervorstechenden, historisch gebildeten Erfahrungsmustern, die ein jeweiliger Kandidat in interaktiven und systemischen Zusammenhängen gebildet hat und die neue Erfahrungen überlagern. Dabei stellt es ein Anliegen der Didaktik dar, den angehenden Supervisor von solchen Überlagerungen zu „befreien". Auf der anderen Seite geht es um Erweiterungen der eigenen Wahrnehmungs- und Handlungsmöglichkeiten in sozialen Situationen.

Solche Ziele von Selbsterfahrung lassen sich zum einen aus pragmatischen Gründen rechtfertigen. Sie haben ihre Verankerung aber auch im Meta-Modell des zugrundeliegenden Ansatzes; denn hier wird ja der Mensch als Leib-Subjekt begriffen, das immer auf Sozialität angewiesen ist und dessen aktuelle soziale Erfahrungen immer durch historisch gebildete Muster mitbestimmt werden.

Richtziel C: Förderung mitmenschlicher Haltungskompetenzen
Auch für dieses Richtziel hat Selbsterfahrung gravierende Bedeutung. Wenn dieses Ziel auch in Teilen (Grobziel C. a) durch rationale

Analysen realisiert werden muß, läßt es sich in anderen Teilen (Grobziel C. b) nur durch eigenes Erleben einlösen.

Wenn die Kandidaten im Verband der Gruppenausbildung oder in der Lehreinzelsupervision laufend „erfahren", daß ihre eigenen Belange und die der anderen von den Lehrpersonen mit hohem mitmenschlichen und sozialpolitischen Engagement beantwortet werden, bleiben auch sie von solchen „Kulturmustern" nicht unberührt, d.h. dann entwickeln sie nach einiger Zeit korrespondierende Haltungen, die sie auch konzeptionell zu reflektieren lernen.

(2.2.2.) Inhalte der Selbsterfahrung

Die Inhalte von Selbsterfahrung sind nun, anders als in der Lehre vieler Supervisionsansätze, deutlich am Gegenstand von Supervision orientiert. Das heißt, in der ausbildungs-spezifischen Selbsterfahrung, wie sie hier praktiziert wird, können nicht wahllos alle von den Kandidaten vorgebrachten Themen ihrer Lebenswelt Gegenstand der Bearbeitung sein, sondern nur solche, die zu ihren arbeitsweltlichen Erfahrungen in Beziehung stehen. Inhaltlich startet und endet jede noch so intensive Selbsterfahrungs-Sequenz bei beruflichen Erfahrungen. Sie bilden den inhaltlichen Ausgangspunkt für alle fachlichen, persönlichen und normativen Entwicklungen der Ausbildungskandidaten.

Die Themen der Selbsterfahrung gruppieren sich dann um zwei Bereiche:

- um Themen, die sich für die Kandidaten aus beruflichen Zusammenhängen aktueller oder historischer Art, außerhalb des Ausbildungsrahmens, ergeben. Sie werden im Verlauf der gruppalen Ausbildungsteile entsprechend den jeweiligen Seminarthemen von den Teilnehmern entwickelt. Oder sie ergeben sich in der Lehreinzelsupervision aus den eigenen Supervisionsversuchen der Kandidaten.

- Ein anderer Teil von Themen resultiert aus dem Ausbildungsrahmen. Wie im weiteren noch deutlich werden soll, haben die Ausbildungssettings in diesem didaktischen Ansatz exemplarischen Charakter. Der gruppale Ausbildungsteil dient als Modell für „Gruppen-", sowie, allerdings begrenzter, auch für die „Teamsupervision" und die Lehreinzelsupervision als Modell für die „Einzelsupervision". Entsprechend dem zu lehrenden

Supervisionsmodell, wonach immer die aktuellen supervisorischen Beziehungen und der sie umgebende institutionelle Kontext zum Thema von Supervision werden können, müssen solche Inhalte auch innerhalb der Ausbildung zum Tragen kommen.

Im Verlauf der Bearbeitung aller dieser Themen werden natürlich auch immer wieder private Erfahrungsräume berührt. Wie aber im zu lehrenden Ansatz vorgesehen, sollten sie aus exemplarischen Gründen auch in der Lehre nur insoweit verhandelt werden, als es für die Bearbeitung der oben genannten Themen notwendig ist. Wie der basale Ansatz sieht auch seine Didaktik keine systematische Aufarbeitung privatweltlicher Erfahrungen vor. Am Ende der dreijährigen Ausbildung sollten aber die gesamten beruflichen Erfahrungen der Kandidaten möglichst differenziert aufgearbeitet sein, außerdem ihr Erleben innerhalb der Ausbildung. So werden die Kandidaten in einigen Seminaren gezielt angeleitet, sich mit ihrer „Berufsgeschichte" oder mit der „Geschichte der Organisation", in der sie tätig sind, ausführlich zu beschäftigen.

(2.2.3.) Selbsterfahrungs-Settings

Die Settings der ausbildungs-spezifischen Selbsterfahrung korrespondieren mit der gesamten lernorganisatorischen Struktur. Diese ist, wie ich noch genauer umreißen werde, am Gegenstand von Supervision orientiert und sie hat, wie schon erwähnt, exemplarischen Charakter. Sie ist in ihrer (a) Anlage auf die heute generell relevanten Settings von Supervision bezogen. Durch (b) fachspezifische Strukturierungen gruppaler Ausbildungsteile ergeben sich aber auch vielfältige Möglichkeiten, prozessuale Variationen ein und desselben Settings zu erleben.

(a) Das Erfahren der Struktur supervisorischer Settings

Die gruppale Ausbildung wird, abgesehen von gezielter Theorie- und Methodenvermittlung, zu großen Teilen wie eine Gruppe von Supervisanden geführt. Dabei erleben sich die Kandidaten als Teil einer Supervisionsgruppe, die Mitglieder aus unterschiedlichen Organisationen und eventuell noch unterschiedlichen Arbeitsfeldern umfaßt. Sie erhalten hier feed-back für ihre inner- oder außergruppalen Arbeitsweisen, aber auch für ihre menschliche Wirkung. Daneben erhalten sie Gelegenheit, neue Interaktionsformen einzuüben. Darüber hinaus stellt die Ausbildungsgruppe, entsprechend den Anforderungen des basalen Ansatzes an die Gruppensupervision, einen sozialen Rahmen dar, in dem die Kandidaten menschliche Solidarität einüben und erfahren können.

Die Lehreinzelsupervision hat exemplarischen Charakter für die Supervision im Einzelsetting. Aufgrund des intimeren Rahmens läßt sich hier, neben methodischen und theoretischen Fragestellungen, das Erleben der Kandidaten, das ihre ersten beruflichen Aktivitäten begleitet, in vertiefter Weise untersuchen und bearbeiten.

Teamsupervision bzw. die Supervision organisatorischer Einheiten kann im Rahmen einer solchen Ausbildung nie mit dem gleichen Ernstcharakter wie die anderen beiden Settings erlebbar werden; denn die Kandidaten treten ja faktisch als Einzelpersonen und nicht als kooperierende Arbeitsgruppe in die Ausbildung ein. Solche strukturellen Anordnungen lassen sich nur über spezifische methodische Maßnahmen (Rollen- und Planspiele) artifiziell demonstrieren.

(b) Das Erfahren sozialer Prozesse

Durch die spezifische lernorganisatorische Struktur gruppaler Ausbildungsteile, die wir erst im weiteren genauer verdeutlichen, erleben die Teilnehmer nicht nur eine ganze Reihe von Trainer-Paaren, die auf je bestimmte Ausbildungsteile fachlich spezialisiert sind, sie erleben auf diese Weise auch, wie ihr gruppales System, je nach Thema und Leitungsfiguren, variieren kann. Sie haben Gelegenheit, Variationen der Übertragungen, der Gruppendynamik, der kulturellen Muster usw. zu erfahren. Und sie können die jeweiligen Trainer aus dem Vergleich zu anderen infragestellen und neu bewerten. So resultieren aus der lernorganisatorischen Struktur eine Vielzahl sozialer Erfahrungen.

(2.2.4.) Methoden der Selbsterfahrung

Methodisch wird die ausbildungsspezifische Selbsterfahrung mit eben dem Inventarium bestritten, das für den zu vermittelnden Ansatz maßgeblich ist. Das sind erlebnisaktivierende Arbeitsformen aus der Gestalttherapie und dem Psychodrama, die durch Verwendung „kreativer Materialmedien“ (SCHREYÖGG 1991a) umfassend ergänzt werden. Auf diese Weise ergibt sich für die Kandidaten eine „methodenspezifische Sozialisation“. Da die Selbsterfahrung in der Supervisorenausbildung aber vorrangig auf arbeitsweltliche Themen zentriert ist, müssen die Methodenkonzepte, wie auch im zugrundeliegenden Ansatz vorgesehen, auf diese bezogen werden.

Und Anwendung der „therapie-ähnlichen" Methodik ist immer in einen Prozeß integriert, an dessen Anfang und Ende rational strukturierende Gespräche stehen. Auch auf diese Weise wird verhindert, daß selbsterfahrungs-orientierte Ausbildungs-Sequenzen, vermittelt durch die Methodik, unbemerkt zur therapeutischen Selbsterfahrung „entarten".

2.3. *Inhalte zu Richtziel C: Förderung mitmenschlicher Haltungskomponenten mit den Grobzielen a und b*

Die Inhalte zu diesem ethischen Richtziel lassen sich auch wieder nach den hier relevanten Grobzielen differenzieren.

2.3.1. Inhalte zu Grobziel C.a: Förderung des kritisch-emanzipatorischen Urteilsvermögens

Inhalte dieses Grobzieles überschneiden sich mit Themen, die auch zur Realisierung professioneller Kenntniserweiterungen relevant sind. Sie zentrieren sich hier im Speziellen um Konzepte, die es erlauben, normative, anthropologische und ethische Fragestellungen in der Supervision als solche zu erkennen, sie intellektuell zu differenzieren und in angemessener Weise zu thematisieren. So geht es inhaltlich um

- Menschenbilder und Paradigmen, die supervisionsrelevanten Theorien und Methoden zugrundeliegen,
- die Ethikdebatte von Supervision und
- um anthropologische und erkenntnistheoretische Prämissen, die dem Meta-Modell der Integrativen Supervision unterlegt sind.

2.3.2. Inhalte zu Grobziel C.b: Förderung gesellschaftlicher Verantwortlichkeit

Die für dieses Grobziel relevanten Inhalte lassen sich kaum systematisieren. Übernahme gesellschaftlicher Verantwortlichkeit setzt eben nicht nur rationale Analysemöglichkeiten voraus, sondern sie fordert, wie anhand der Ethikdebatte schon angedeutet, den ganzen

Menschen heraus. So müssen Inhalte dieses Grobzieles im „Erleben“ normativer und ethischer Phänomene bestehen.

Sie können sich letztlich nur im erlebnishaften Zusammenhang der gesamten Ausbildung konkretisieren. Kandidaten müssen in Interaktionen mit Lehrpersonen und den anderen Teilnehmern eine Atmosphäre mitmenschlichen Engagements erfahren. Und im Idealfall werden sie dann von diesen kulturellen Mustern „infiltriert“.

Wie im zugrundeliegenden Ansatz gefordert, setzt Etablierung einer solchen Kultur voraus, daß die Lehrpersonen einen Interaktionsstil praktizieren, der Unmittelbarkeit und engagierte Parteilichkeit nicht vermeidet, sondern sie sogar in reflektierter Weise betont.

3. Lehrmethodik

Im Curriculum Integrativer Supervision sind

- methodische Schwerpunkte vorgesehen, die durch
- spezielle methodische Maßnahmen realisiert werden.

Da im nachfolgenden Abschnitt die „Lehreinzelsupervision“ auch in ihrer methodischen Orientierung noch ausführlich verhandelt wird, beschränken wir uns an dieser Stelle vorrangig auf die Methodik im gruppalen Ausbildungs-Setting.

3.1. Methodische Schwerpunkte

Ich hatte eingangs angekündigt, daß auch die Lehrmethodik ganz wesentlich auf die Ziele und damit verbundenen Inhalte des Curriculums abzustimmen ist. Und es wurde deutlich, daß die Methodik den besonderen Anforderungen von Erwachsenenbildung Rechnung tragen muß. Auf dem Hintergrund aller bisherigen Ausführungen ergeben sich für die Lehrmethodik folgende generelle Konsequenzen:

- Das Richtziel A, „Förderung professioneller Kompetenzen“, bedarf auf der Grobziel-Ebene a, die sich auf den Erwerb konzeptspezifischer Kenntnisse bezieht, grundlegender, rationaler *Theorie- und Methodenvermittlung* sowie der Anleitung zum Selbststudium.

- Das Ziel A.b, „Förderung professioneller Fertigkeiten“, dagegen kann nur durch *gezielte Übungen* realisiert werden. Dabei ist es sinnvoll, daß Kandidaten zu bestimmten theoretischen oder methodischen Fragestellungen, unter Anleitung, miteinander arbeiten.

- Das Ziel A.c, „Förderung professioneller Fähigkeiten“, bedarf dann schon der eigenständigen Anwendung von Theorien und Methoden, die nur noch *nachträglich begleitet* bzw. korrigiert werden.

- Das Richtziel B, Förderung der personalen Kompetenz, mit seinen Grobzielen a und b ist über erlebnishafte Auseinandersetzungen in einer Zweierbeziehung oder einem gruppalen Verband realisierbar. Der *„Selbsterfahrung in der Supervisorenausbildung“* kommt hier eine besondere Bedeutung zu.

- Das Richtziel C, „Förderung des sozialen Engagements“, kann im Sinne des Grobziels C.a, „Förderung kritisch-emanzipatorischer Fähigkeiten“, über rationale Beschulung gefördert werden. Das Grobziel C.b dagegen ist, entsprechend der kommunikativ-ethischen Positionen des Ansatzes, nur in zwischenmenschlichen Handlungsvollzügen realisierbar. So muß auch dieses Ziel methodisch vorrangig über die „Selbsterfahrung in der Supervisorenausbildung“ gefördert werden.

Aus all diesen Überlegungen lassen sich folgende didaktische Schwerpunkte ableiten:
- rationale Theorie- und Methodenvermittlung,
- „Selbsterfahrung in der Supervisorenausbildung“ und begleitetes Üben,
- selbständiges Praktizieren des Ansatzes unter nachträglicher Beratung, d.h. Lehreinzelsupervision.

Entsprechend einem anthropologischen Postulat des zugrundeliegenden Ansatzes, wonach der Mensch als Körper-Seele-Geist-Subjekt zu betrachten ist, müssen die beiden erstgenannten Schwerpunkte in jedem Seminar relevant sein. Die Seminarleiter planen also für jede Veranstaltung schon vorab eine entsprechende Seminarstruktur. Das methodische Design muß aber dann, je nach den spezifischen Bedingungen (Vorlieben der Teilnehmer usw.) in dem konkreten Seminar bestimmte Schwerpunkte akzentuieren. Auf der

Basis eines reversiblen Interaktionsstils muß in jedem Seminar auch die aktuell verwendete Methodik mit den Teilnehmern abgestimmt werden.

3.1.1. Rationale Theorie- und Methodenvermittlung

Bei der rationalen Theorie-und Methodenvermittlung ist zum einen die gezielte Lehre durch Lehrpersonen relevant, zum anderen die Anleitung der Kandidaten, wie sie sich bestimmte Kenntnisse selbst erarbeiten können.

a. Gezielte Lehre durch Lehrpersonen
Die gezielte Lehre erfolgt methodisch durch (1) „Vorlesungen" und durch (2) „mini-lectures".

(1) „Vorlesungen"
Jedes Seminar der „fortlaufenden Gruppe" und jedes „Kompaktseminar" ist auf bestimmte, präzisierbare Inhalte des Curriculums zentriert. Sie stellen jeweils konzeptionelle Teile oder Vertiefungsgebiete des Gesamtansatzes dar. Aus diesem Grund sind anläßlich von Seminaren gezielte Theorievermittlungs-Sequenzen unverzichtbar. Sie werden als kompakte Vorlesungen entweder durch den jeweiligen Seminarleiter oder durch fachlich vorbereitete Gruppenmitglieder gehalten. Sie erstrecken sich sinnvollerweise auf eine Sitzung von 2-3 Stunden, so daß auch umfassende Diskussionen möglich sind.

Um aber ein jeweiliges Seminar nicht „intellektualistisch" zu „überschwemmen", ist es sinnvoll, solche Theoriesequenzen erst dann abzuhalten, wenn bei dem betreffenden Seminartermin schon eine gewisse Strecke erlebnis-orientierter Arbeit absolviert ist. Im anderen Fall wird schon zu Beginn des Seminars eine so rationale Atmosphäre erzeugt, daß die Bereitschaft zur erlebnishaften Auseinandersetzung bei den Teilnehmern eher blockiert, oder jedenfalls nicht gefördert wird. Blockierungen des Seminarflusses ergeben sich auch oft deshalb, weil Teilnehmer oft über ungünstige Lernbiographien verfügen. Die beschriebene zeitliche Plazierung hat auch den Vorteil, daß die Vortragenden bei kompakter Theorievermittlung im Verlauf ihrer theoretischen Ausführungen auf das kurz zuvor Erfahrene zurückgreifen können. Auf diese Weise prägt sich, im Sinne von „Living Learning" (COHN 1975), das zu Vermittelnde bei den Kandidaten auch leichter ein.

(2) „mini-lectures“

Bei „mini-lectures“ handelt es sich um knapp gefaßte ad-hoc-Erläuterungen, die in die exemplarische Supervisionsarbeit innerhalb des Seminars eingestreut werden.

Wenn es in der konkreten Seminararbeit darum geht, unterschiedliche Theoriekonzepte, etwa aus dem Bereich der Übertragung-/Gegenübertragung oder dem der Organisationstheorie am konkreten Anwendungsfall prägnant zu machen, läßt sich im Anschluß an eine solche Arbeitssequenz, am Ende der „Integrationsphase“, wenn die emotionale Erregung abgeklungen ist, eine kleine Theoriesequenz einfügen.

Mini-lectures sind besonders geeignet, wenn es um die Lehre von Methodenansätzen geht. So lassen sich etwa unterschiedliche „Doppelformen“ des Psychodramas durch kurze, in die konkrete Supervisionsarbeit der Ausbildungsgruppe eingesprengte Erläuterungen am besten vermitteln. Für die Ausbildungskandidaten wird so jeder Arbeitsschritt auch kognitiv transparent.

Hierbei besteht allerdings immer Gefahr der „Verobjektivierung“ des jeweiligen Protagonisten; denn der Seminarleiter muß sich dabei aktuell aus dem intersubjektiven Bezug zum Protagonisten den übrigen Gruppenmitgliedern zuwenden. So gerät die theoretische oder methodische Erläuterung im Verlauf einer konkreten Arbeit allzuleicht zur „distanzierten Vorführung“. Aus diesem Grund ist es ratsam, derartige Reflexionssequenzen nur bei Arbeiten mit mittleren oder leichten Regressionsniveaus einzustreuen. In anderen Fällen können sie erst nach abgeschlossener Arbeit erfolgen.

b. Anleitung zum Selbststudium

Eine zentrale Aufgabe von Lehrpersonen bei der rationalen Theorie- und Methodenvermittlung ist die Anleitung der Kandidaten zum Selbststudium; denn auch qualifizierteste Vorlesungen und mini-lectures können bei der Lehre eines komplexen Handlungsmodells das Selbststudium der Kandidaten nicht ersetzen.

Die beiden bislang genannten Formen der Theorie- und Methodenvermittlung haben vielmehr die Funktion, die Kandidaten für ausgedehnte Eigenstudien zu „erwärmen.“ So tauchen gerade in Diskussionen nach Vorlesungen oder anläßlich von mini-lectures vielfältige Fragen nach vertiefender Literatur auf.

Wie wir im Zusammenhang mit „Lernzielkontrollen“ noch sehen werden, stellt es eine besondere Aufgabe der Seminarleiter dar, die

Kandidaten auf ihr Colloquium und ihre Graduierungsarbeiten vorzubereiten. Hier fordern die Kandidaten im Verlauf der letzten Seminare eines Kurses, oder auch im Verlauf ihrer Lehreinzelsupervision, oft gesonderte Termine ein, bei denen sie sich für ihr Eigenstudium beraten lassen wollen.

Dabei hat es sich durchgesetzt, daß Teilnehmer in regionalen Kleingruppen, zu dritt oder zu viert, zum gemeinsamen Lernen noch gesondert zusammentreffen.

3.1.2. Erleben des Ansatzes und begleitetes Üben

Durch den erlebnis- und handlungsorientierten Charakter des Supervisionsansatzes liegt es nahe, daß ein besonders konzept-konformer didaktischer Schwerpunkt ebenfalls erlebnis- und handlungsorientiert ist. In diesem Sinne erfolgt die Vermittlung des Supervisionskonzeptes vorrangig durch sich selbst, d.h. die Ausbildungskandidaten unterziehen sich in den Seminaren seinen Wirkungen und praktizieren ihn untereinander.

a. Erleben des Ansatzes
Die Seminare bestehen damit vorrangig in themenspezifischer Life-Supervision. Wenn das Seminarthema etwa „Dynamik von Institutionen" lautet, wird der Seminarleiter die Teilnehmer zunächst „anzuwärmen" suchen, daß sie ihre Erfahrungen im Zusammenhang mit institutionellen Prozessen in die Ausbildungsgruppe tragen und in der für sie aktuell relevantesten Weise rekonstruieren und bearbeiten.

Die Ausbildungsgruppe erhält auf diese Weise exemplarischen Charakter als „Supervisionsgruppe". Die Kandidaten erfahren als Supervisanden die Wirkungen des Ansatzes im Gruppensetting an sich selbst.

Wie in jeder Gruppensupervision erleben sie durch Auseinandersetzungen mit Fragestellungen der anderen ein menschlich intensives Lernklima in der Ausbildung. Sie gelangen dadurch nicht nur zu Fortentwicklungen in ihrer realen beruflichen Praxis als Sozialarbeiter, Psychologe oder Unternehmensberater. Was hier von besonderer Bedeutung ist, auf diese erlebnishafte Weise prägen sich die methodischen und theoretischen Aspekte, die für ein jeweiliges Seminar mit seinen Inhalten relevant sind, am besten ein. So lassen sich, wie schon bemerkt, dann auch umfassende Theorie-Sequenzen mit dem zuvor Erlebtem gut verknüpfen.

b. Begleitetes Üben

Einen Teil der Life-Supervision leiten Seminarleiter, einen anderen, oft den größeren, bestreiten die Teilnehmer. Diese Relation muß je nach den Bedürfnissen der Teilnehmer, dem Ausbildungsprozeß, nach der gruppendynamischen Situation der Gruppe und nach dem Thema bzw. der Vertrautheit der Ausbildungskandidaten mit diesem variiert werden. So ist es bei den ersten Sitzungen einer soeben gestarteten Ausbildungsgruppe sinnvoll, daß der Seminarleiter die ersten Life-Supervisionen selbst durchführt. Auf diese Weise erhalten die Teilnehmer Gelegenheit, den Ansatz kennenzulernen und genauer zu beurteilen, worauf sie sich „einlassen". Damit sich die noch „junge" Gruppe formieren kann, ist es aber günstig, am zweiten Tag für eine Sitzung „Triaden"-Arbeit oder Arbeit zu viert oder zu fünft vorzuschlagen. Die Gruppenmitglieder können sich dann durch die gemeinsame Arbeit in einem intimeren Rahmen mit einigen anderen vertraut machen und dies als Basis für ihre „Sicherung" im neuen sozialen Kontext nutzen.

In den ersten Ausbildungsstadien ist es allerdings wichtig, daß die von den Teilnehmern selbst durchgeführten Übungen nach ihrem Schwierigkeitsgrad möglichst sorgfältig dosiert und präzise umschrieben werden; denn die Kandidaten können ja nur schrittweise an das methodische Praktizieren eines so komplexen Ansatzes herangeführt werden. In anderen Fällen besteht Gefahr von Entmutigung.

In späteren Stadien des Ausbildungs- und Gruppenprozesses, im zweiten und vor allem im dritten Jahr, übernehmen die Teilnehmer immer umfassender die Life-Supervision selbst. Gegen Ende der Ausbildung leiten sie sequenzenweise größere Teilgruppen oder gar die gesamte Gruppe selbständig.

Bei all diesen Aktivitäten der Teilnehmer werden Ausbildungsleiter und Ko-Leiter ganz oder phasenweise anwesend sein und die Arbeit der Kandidaten mit ihnen gemeinsam auswerten. So unterziehen sich die Kandidaten also auch in der Gruppe laufend einem sehr direkten Lehrsupervisionsprozeß, wodurch sie sukzessive auf die eigenständige Supervisionsarbeit vorbereitet werden.

3.1.3. Selbsterfahrung durch Eigensupervision

Im Verlauf aller dieser supervisorischen Arbeiten und nachfolgenden Auswertungen ergeben sich allerdings nicht nur vielfältige

Möglichkeiten des Lernens, es ergeben sich auch umfassende mitmenschliche Erfahrungen.

Wie schon mehrfach konzeptionell, aber auch anhand der empirischen Untersuchung, im Exkurs (2) deutlich gemacht, ist die Ausbildungsgruppe hier nicht nur unter pragmatischen Gesichtspunkten als „Lerngruppe" relevant, sondern auch als „Mikrokosmos". Die Teilnehmer erleben den sozialen Verband im allgemeinen nicht nur innerhalb der Seminar-Sitzungen, sondern über die Gruppensitzungen hinaus als wichtiges Sozialsystem. Sie machen soziale Erfahrungen beim gemeinsamen Vorbereiten von Seminaren, wenn sie zusammen Essen gehen, zusammen feiern, lernen usw. Auf diese Weise entwickelt sich ein anregendes soziales Klima, das Erfahrungen von Solidarität und Vertrauen ermöglicht.

In dieser Atmosphäre ergibt sich persönliche Entwicklung der Teilnehmer fast „automatisch". Sie „wagen" sich im Verlauf supervisorischer Arbeit in der Ausbildungsgruppe meistens auch an komplexes, biographisches Material, experimentieren mit neuen Umgangsformen, neuem Rollenverhalten usw. Selbsterfahrungssequenzen müssen also in diesem didaktischen Konzept nicht eigens „inszeniert" werden.

3.2. Spezielle methodische Maßnahmen

Wie im zugrundeliegenden Ansatz sind auch bei seiner Lehre neben dem rationalen Dialog spezielle methodische Maßnahmen relevant. Das sind einerseits „methodische Versatzstücke" aus erlebnisaktivierenden Psychotherapieverfahren und andererseits unterschiedliche Medien.

3.2.1. Therapeutische Verfahren

Im Sinne „konzept-konformer Sozialisation" werden in dieser Didaktik methodische Maßnahmen aus der Gestalttherapie und dem Psychodrama verwendet.

So lassen sich etwa unterschiedliche Arten von „Übertragungen", oder auch allgemeine Projektionen mit dem Rollentausch der Gestalttherapie sehr lebendig evozieren und exemplarisch bearbeiten. Auf dem „leeren Stuhl" können dann die unterschiedlichsten Interaktionspartner imaginativ „erstehen" und im Rollentausch mit der imaginierten Person deren vermeintliche Projektionen und sogar Übertragungen beispielhaft untersucht werden.

Mit Hilfe psychodramatischer Methodik dagegen lassen sich verschiedene Rollenpositionen herausarbeiten. So bedarf die erlebnishafte Verdeutlichung pathogener Interaktionen und erst recht der von Systemen, der Gruppe als Rollenträger. Die Mitglieder übernehmen auf Anweisung des Protagonisten die jeweiligen Rollen. Durch weitere methodische Maßnahmen, wie das „Doppeln", das „Spiegeln" oder den „psychodramatischen Rollentausch" (vgl. PETZOLD 1979) wird für die Kandidaten die besondere Dynamik interaktiver und systemischer Phänomene erlebbar.

Durch solche methodischen Maßnahmen lassen sich anschließende Theoriesequenzen umfassend verankern. Derartige „Vorführungen" dienen auch immer als Grundlage der methodischen Beschulung, und darüber hinaus erhalten die Kandidaten Gelegenheit, ihre aktuellen beruflichen Anliegen im gruppalen Verband zu bearbeiten.

3.2.2. Medien

Entsprechend dem hohen Stellenwert, den Medien in der Integrativen Supervision insgesamt einnehmen, kommt ihnen auch in der Ausbildungsmethodik große Bedeutung zu.

Im Vordergrund stehen dabei, wie im zugrundeliegenden Ansatz, kreative Material- und Handlungsmedien, aber auch technische Medien, bzw. alle Medien, die eine Intensivierung der Lehre des Ansatzes erlauben. Ihre Art und ihr Einsatz bestimmt sich hochgradig nach der Kreativität der Ausbildungsleiter und der Gruppenmitglieder. Ja, eine zentrale Aufgabe jeder Seminarleitung besteht sogar in der „Animation" zur kreativen Medienverwendung.

Im folgenden sollen die wichtigsten Medien der Ausbildungsdidaktik beschrieben werden:

a. Kreative Medien

Als „kreative Medien" sind in diesem Ansatz solche bezeichnet, durch die Menschen prärationale Botschaften übermitteln können und durch die sie ihrem eigenen Dasein Ausdruck verleihen (SCHREYÖGG 1991a).

Diese lassen sich in (1) „Material-" und in (2) „Handlungsmedien" unterscheiden.

(1) Kreative Materialmedien

Als „kreative Materialmedien“ (PETZOLD 1977) sind alle materiellen Medien, wie Ton, Handpuppen, Bausteine usw. zu bezeichnen, die sich als „Sachmedien“, d.h. als Gegenstände zur Darstellung bestimmter Sachverhalte oder Emotionen verwenden lassen.

Für die Ausbildungsdidaktik ist hier von Bedeutung, daß die Kandidaten an den selbstverständlichen, aber auch kreativen Umgang mit diesen Medien gewöhnt werden. So ist es empfehlenswert, daß die Leiter schon beim ersten Treffen, zu Beginn der Ausbildung, die Arbeit in der Gruppe mit Materialmedien anreichern, wie etwa „flexible Organigramme“ mit Bausteinen (SCHREYÖGG 1989, 1991a) anfertigen lassen.

Da aber für die meisten Ausbildungskandidaten die Arbeit mit derartigen Medien fremd ist, sie meistens bei einem so „ernsten Geschäft“ wie Supervision, solche Medienverwendung nicht erwarten und sie außerdem zu Beginn des gruppalen Prozesses in ihrer Expression noch gehemmt sind, ist hier sorgfältig auf die Auswahl der Medien zu achten. Wie im zugrundeliegenden Ansatz beschrieben, sollte durch Auswahl von Medien der Regressionsgrad, aber auch die implizit zu fordernde Expression gut gestaffelt sein. So wäre es etwa unsinnig, im ersten Seminar schon mit Ton oder mit Fingerfarben zu arbeiten, denn diese Medien fordern automatisch ein relativ hohes Maß von „Selbsteröffnung“ heraus.

Die Kandidaten erhalten im weiteren Verlauf der Ausbildung, in einem speziellen Seminar mit dem Titel „Kreative Medien in der Supervision“, umfassend Gelegenheit, mit solchen Medien zu experimentieren und ihre Bedeutung für die Supervision auszutarieren.

(2) Kreative Handlungsmedien

Als „kreative Handlungsmedien“ (PETZOLD 1977) sind in diesem Ansatz alle Medien gefaßt, die nicht materialisiert sind, sondern sich in Gestik, Sprache, bestimmten methodischen Maßnahmen, wie Rollentausch, Imaginationen, aber auch Theaterspielen usw. manifestieren.

Wie aus der Verwendung therapeutischer Methodik schon deutlich wurde, sind diese Medien in der Didaktik „allgegenwärtig“. Im Seminar „Kreative Medien“ werden aber auch sie durch „Neukreationen“ der Kandidaten angereichert.

b. Technische Medien
In den letzten Jahren hat sich in der Didaktik Integrativer Supervision zunehmend auch der Einsatz „technischer Medien" durchgesetzt. In diese Kategorie gehören Audio- und Videobänder in „aktiver" oder „passiver" Verwendungsweise.

In aktiver Form dienen etwa Videofilme, die im Verlauf einer Übungssequenz angefertigt wurden, als Grundlage für anschließende, korrigierende Dialoge. Und in „passiver" Form können sie, wie an einem der nachfolgenden Seminarbeispiele deutlich wird, zur Einstimmung für ein Seminarthema dienen.

4. Lernorganisatorische Struktur

Hier ist die lernorganisatorische Struktur der Ausbildung in Relation zu den vorher beschriebenen Ausbildungszielen, -inhalten und der Methodik zu erläutern. Jeweils im Anschluß an die Darstellung der zentralen lernorganisatorischen Elemente soll das didaktische Grundkonzept anhand von Beispielen „plastisch" werden.

Die Ausbildung gliedert sich in eine

- gruppale Grundausbildung, einen
- dyadischen Ausbildungsteil, die „Lehreinzelsupervision" und in
- die „Ko-Supervision".

4.1. Das gruppale Setting

Das Kernstück der Supervisoren-Ausbildung stellt die gruppale Grundausbildung dar. In ihr soll eine grundlegende Realisierung der Richtziele stattfinden.

- Im Sinne *professioneller Kompetenzförderung* sind alle konzeptspezifischen, theoretischen und methodischen Inhalte des Modells rational, übend und über Demonstrationen in der Gruppe zu verhandeln. Die praktische Arbeit im Gruppensetting dient dabei immer auch als Modell für „Gruppensupervision".
- Im Verlauf der jeweiligen Demonstrationen sind, als *„personale Kompetenzförderung"*, hervorstechende personale und soziale Besonderheiten einzelner und der Gesamtgruppe zu thematisieren und exemplarisch, d.h. in bezug zum Gesamtkonzept zu bearbeiten.

- Im Verständnis von Richtziel C dient die Ausbildungsgruppe aber auch als „Mikrokosmos“, in dem *Mitmenschlichkeit* erleb- und praktizierbar wird.

Das gruppale Ausbildungssetting von max. 16 Personen zieht sich als „Grundausbildung“ über drei Jahre. Die Ausbildungskandidaten bilden für diesen Zeitraum eine „geschlossene Gruppe“, d.h. sie nehmen gemeinsam an allen für eine Gruppe konzipierten Seminaren teil.

Der gruppale Ausbildungsteil gliedert sich wieder in zwei strukturell unterschiedliche *Seminartypen*:

- In Seminare der „fortlaufenden Gruppe“, die von einem konstanten Trainerpaar geleitet werden, und
- in „Kompaktseminare“, die von unterschiedlichen, jeweils thematisch spezialisierten Trainern und Ko-Trainern zu führen sind.

Die gesamte dreijährige gruppale Ausbildung wird vom Haupt-Trainer der fortlaufenden Gruppe terminlich und personell grob vorstrukturiert und in Kooperation mit Organisatoren und Gruppenmitgliedern konkret, planerisch ausgestaltet.

4.1.1. Seminare der „fortlaufenden Gruppe“

Für die „Seminare der fortlaufenden Gruppe“ sind je spezifische Ziele, Inhalte, methodische Maßnahmen und dementsprechend auch spezifische formale Strukturierungen vorgesehen.

(1) Die fortlaufende Gruppe hat folgende *Ziele*:

- Im Sinne von Richtziel A werden die Teilnehmer mit dem zu erlernenden Supervisionsansatz, d.h. seinen theoretischen und methodischen Aspekten grundlegend vertraut gemacht. Die Lehrpersonen demonstrieren den Ansatz laufend an den Teilnehmern. Die Kandidaten erhalten so oft als möglich Gelegenheit, den Ansatz selbst zu praktizieren. Und das Supervisionskonzept wird hier in allen seinen Teilen theoretisch verdeutlicht.

- Entsprechend Richtziel B findet in der fortlaufenden Gruppe intensive, exemplarische Auseinandersetzung mit der beruflichen Tätigkeit der Kandidaten statt. Auf diese Weise enthält die fortlaufende Gruppe einen hohen Selbsterfahrungsanteil in oben beschriebenem Sinne. Zu Beginn des dreijährigen Programms ist die Arbeit stärker personenspezifisch, in späteren Stadien zunehmend „fachlicher".

- In Korrespondenz zu Richtziel C wird in der laufenden Gruppe auf Entstehung eines sozial-integrativen Klimas Wert gelegt, so daß sich die einzelnen Mitglieder, aber auch die Gesamtgruppe in ihrem Wachstumsprozeß deutlich erleben können.

(2) Die *Lehr-/Lerninhalte* für die fortlaufende Gruppe sind im Rahmen einer groben curricularen Anlage vorab festgelegt, sie können aber innerhalb der drei Ausbildungsjahre variiert werden; denn die Inhalte sind immer entsprechend dem Gruppenprozeß, also etwa nach dem Ausmaß personaler Nähe innerhalb des gruppalen Verbandes, dessen Interessenlage usw. zu modifizieren. Am Ende des dreijährigen Programms sollten aber alle vorgesehenen Themen „abgearbeitet" sein.

- Im ersten Jahr stehen (1.) grundlegende Konzepte, d.h. anthropologische und erkenntnistheoretische Setzungen des Ansatzes im Vordergrund, (2.) Konzepte der Gruppendynamik und Kleingruppentheorie, (3.) die Arbeit mit kreativen Medien und (4.) organisatorische Phänomene in ihrer Bedeutung für die Supervision.

- Das zweite Jahr ist inhaltlich charakterisiert durch (5.) ein Seminar über die gesellschaftlichen Implikationen von Praxis und Supervision, (6.) eines zu psychoanalytischen Interaktionskonzepten, also Übertragung, Gegenübertragung und Widerstand in der Supervision und eines (7.) zu rollentheoretischen Positionen und ihre Aktualisierung durch psychodramatisches Rollenspiel.

- Im dritten Jahr findet ein Seminar (8.) zur Feldkompetenz von Supervisoren und arbeitsfeldspezifischen Anforderungen statt, (9.) eines zu soziologischen und sozialpsychologischen Interaktions- und Kommunikationskonzepten und (10.) eines verhandelt die Ethik von Supervision.

(3) Die für diese Seminare grundlegend maßgebliche *Methodik* hatten wir schon im letzten Kapitel angesprochen. Sie muß aber je nach Interessenlage der Teilnehmer, Gruppenprozeß und -themen von den Seminarleitern variiert werden.

(4) In *formal struktureller* Hinsicht umfassen Seminare der fortlaufenden Gruppe zehn Seminare à drei Tage mit je acht Unterrichtsstunden, das sind insgesamt 30 Tage. Die zehn Seminare sind auf drei Jahre verteilt und werden als Wochenendseminare abgehalten. Damit sich die Gruppe stärker festigen kann, ist es sinnvoll, zu Beginn des Programms jeweils zwei derartige Seminare in relativ kurzem Abstand stattfinden zu lassen.

Exkurs (6): Beispiele für Seminar-Designs I

Im folgenden will ich nun die Anlage von drei Seminartypen der fortlaufenden Gruppe beschreiben. Bei dem ersten handelt es sich um ein (1) Einführungsseminar zu Beginn des Programms. Das zweite zentriert sich um das Thema (2): „Kreative Medien in der Supervision" und das dritte um das Thema (3): „Rollenspiel/Rollentheorie in der Supervision".

ad (1) Seminar: Einführungsseminar, ***grundlegende Konzepte Integrativer Supervision***

Ziele: Dieses erste Seminar der fortlaufenden Gruppe und das erste des Supervisionsprogramms überhaupt soll

a. einen ersten Eindruck von dem gelehrten Supervisionsmodell vermitteln, d.h. seiner Wissensstruktur und seiner konkreten Anwendung.
b. Dabei sind besonders die Setzungen des Meta-Modells zu akzentuieren.
c. Darüber hinaus steht in diesem ersten Seminar das Kennenlernen der Gruppenmitglieder untereinander, wie auch das der Lehrpersonen im Vordergrund.

Inhaltlich geht es hier darum, die Wissensstruktur des Modells überblicksartig deutlich zu machen. Dabei ist es zum einen rational zu strukturieren und andererseits im Setting der Ausbildungsgruppe erlebbar zu machen.

Methodisch muß ein solches Seminar immer durch eine umfassende „Anfangsrunde" eröffnet werden, d.h. hier sollten alle Kandidaten breiten Raum erhalten, wichtige Details ihrer Berufs- und Lebensgeschichte vorzustellen, soweit sie das in diesem Rahmen tun möchten. Daraufhin stellen sich auch die Leiter in für die Gruppe relevanten Aspekten vor und erläutern knapp den didaktischen Ansatz.

Daran anschließend können die Teilnehmer durch eine kleine Imaginationsübung an ihren realen Arbeitsplatz „zurückgeführt" und gebeten werden nachzusehen, „was sie hier gerne mal genauer untersuchen würden". Nach einigem Überlegen meldet sich immer ein Gruppenmitglied als Supervisand, und die gemeinsame Arbeit kann beginnen.

Diese ersten Stadien des Ausbildungsprozesses sind von mehrfacher Bedeutung; die in ihnen aufgeworfene Thematik und die nun entstehende Atmosphäre wirken oft für eine Reihe weiterer Seminare prägend, und die sich hier anbahnende Gruppendynamik hat in vielen Fällen wegweisenden Charakter.

So wäre es im Verständnis Integrativer Supervision kontraindiziert, diese Initialsituation durch unnötige „Schweige-Orgien" zu belasten. Die innere Spannung der Teilnehmer ist in diesem Stadium ohnedies hoch, weil sie noch nicht genau wissen, was sie erwartet, wie sie in der Gruppe fußfassen werden usw. Aufgabe von Leitern ist es hier, diese Spannung nicht noch zu erhöhen, sondern sie möglichst schnell in konkrete fachliche Kooperation mit mitmenschlicher Dichte kanalisieren zu helfen. Idealerweise entfaltet sich schon bei der ersten Supervisionsarbeit in der Gruppe eine gruppale Atmosphäre, in der eine ganze Reihe von Teilnehmern ihre Kompetenzen einbringen können. Für die Leiter ergeben sich auf diese Weise auch wichtige diagnostische Hinweise, wie sich die weitere Gruppendynamik gestalten könnte.

Im Anschluß an diese erste Arbeit lassen sich einige knappe Erklärungen zum gelehrten Ansatz geben. Daran anschließend werden meistens weitere Kandidaten Themen zur Bearbeitung anmelden, so daß noch eine weitere Sitzung auf diese Weise verbracht wird.

Spätestens in der Mitte des zweiten Tages sollte Kleingruppenarbeit stattfinden, d.h. die Teilnehmer werden nun gebeten, sich zu dritt oder zu viert zusammenzufinden, um ihre ersten eigenen Supervisions-Versuche in einer Untergruppe zu starten. Solche Sequenzen haben zweifache Bedeutung: sie fördern nicht nur die aktive Auseinandersetzung mit der gelehrten Supervisionsarbeit, sie fördern auch die Kooperationsbasis der Gruppe und das Kennenlernen. Daran anschließend sollte die Kleingruppen-Arbeit in der Gesamtgruppe nachbesprochen werden, damit auch die jeweils anderen an das Erleben der „Grüppchen" Anschluß finden können. Meistens ergeben sich hier methodische und konzeptionelle Fragestellungen, die anhand von Beispielfällen wieder von den Leitern in der Gesamtgruppe bearbeitet werden.

Nun haben die Teilnehmer im allgemeinen einen erlebnishaften Einblick in den zu lehrenden Ansatz gewonnen, so daß sie bei einer anschließenden Theorie-Sequenz den Ausführungen konzentriert folgen, vielfältige Fragen aufwerfen und für die weitere Ausbildung „gut angewärmt" sind. Der Akzent der theoretischen Ausführungen liegt hier auf den meta-modelltheoretischen Prämissen. Nach dieser Theorie-Sitzung sollte noch einmal eine praktische Sequenz folgen; denn die Teilnehmer wollen nun die vorgeführten Supervisionssitzungen auf dem Hintergrund der neu erworbenen Strukturierungsmuster „neu" wahrnehmen.

Den Abschluß des Seminars bildet eine „Abschlußrunde", bei der jeder Kandidat seine persönlichen und fachlichen Erfahrungen im Verlauf des Seminars artikuliert.

ad (2) Seminar: Kreative Medien in der Supervision

Die *Ziele* dieses Seminars bestehen darin,

a. daß die Teilnehmer einen umfassenden Eindruck von der Verwendung kreativer Medien in der Supervision erhalten,
b. daß sie selbst ihre persönlichen Möglichkeiten im Umgang mit kreativen Medien erweitern und
c. daß sie ein theoretisches Gerüst für den Umgang mit kreativen Medien erhalten.

Inhaltlich sollten hier vorrangig kreative Materialmedien verwendet werden, die für den zu lehrenden Ansatz von besonderer Bedeutung sind. Die spezielle Auswahl sollte aber zusammen mit den Teilnehmern ermittelt werden.

Da dieses Seminar durch Besorgung von Materialien usw. eine gewisse Vorbereitung benötigt, sollte es *methodisch* im vorhergehenden Seminar planerisch vorbereitet werden. Hier bietet sich das Seminar „Gruppendynamik und Kleingruppentheorie" an. Im Verlauf gruppaler Auseinandersetzungen läßt sich eine In-Group/Out-Group-Situation vorschlagen, bei der erst ein Teil der Gruppe im Innenkreis das kommende Seminar „Kreative Medien in der Supervision" vorbereitet und dann der andere die schon bestehenden Vorschläge ergänzt. In einer anschließenden Sequenz läßt sich dann (nach einer Analyse der aufgetretenen gruppendynamischen Phänomene) unter Anleitung der Kursleiter eine realistische und fachlich angemessene Vorbereitung des Seminars bewerkstelligen. Bei dieser sollte jeder Teilnehmer, oder Gruppen von ihnen, Verantwortung für geplante Seminarteile des Seminars „Kreative Medien" übernehmen.

Zu Beginn des Seminars steht auch hier wieder eine „Anfangsrunde". Sie kann aber schon mit kreativen Medien erfolgen, etwa in der Weise, daß ein großer Bogen Papier ausgebreitet wird und die Anleitung ergeht: „Malt doch mal (mit Filzmalstiften), was Ihr seit dem letzten Mal so alles erlebt habt und wie Ihr jetzt langsam in die aktuelle Gruppensituation kommt." Das Gemalte wird dann von allen Kandidaten erläutert.

In darauffolgenden Arbeitssequenzen sollten die Medien gut nach ihrem „Schwierigkeitsgrad", d.h. nach ihrem Grad der Fremdheit für die Gruppe, aber auch nach ihrem geforderten Regressionsmaß gestaffelt sein. So ist es etwa sinnvoll, eine Tonarbeit, bei der oft eher regressive Komponenten gefördert werden, in eine Sitzung zu plazieren, nach der noch genug Zeit ist, das Erlebte zu „verdauen".

Bei diesen Seminaren entfalten die Kandidaten oft viele kreative Ideen, wie sich mit Puppen, Collagen, Video-Collagen, Musikinstrumenten usw. supervisorische Themen evozieren und bearbeiten lassen.

In einer Theoriesequenz am zweiten Tag ist auch hier wieder das Erfahrene in einer Vorlesung theoretisch zu strukturieren, wodurch die darauffolgenden Aktionen noch mehr an professionellem Gehalt gewinnen.

Bei der Abschlußrunde am letzten Tag sollte die oft entstehende „Hochstimmung" wieder methodisch eingefangen werden. Hier bieten sich Zeichnungen auf kleinen, zusammengeknipsten Bögen von Papier an, auf denen die Kandidaten ihr Erleben in den einzelnen Sitzungen noch einmal symbolisch darstellen und anschließend auch ihren fachlichen Gewinn sachlich erläutern.

ad (3) Seminar: Rollenspiel und Rollentheorie in der Supervision

Das *Ziel* dieses Seminars besteht

a. in der fachlich kompetenten Auseinandersetzung mit psycho- und soziodramatischer Methodik

b. und in der Auseinandersetzung mit unterschiedlichen rollentheoretischen Positionen.

Inhaltlich sollen interaktive und systemische Rollenkonstellationen durch unterschiedliche Formen des Rollenspiels erlebnishaft aktualisiert und bearbeitet werden. Dabei sind die relevantesten „Techniken" des Psychodramas, wie Rollentausch, Rollenwechsel, Doppelgänger usw. zu verwenden.

Die erlebten Rollenphänomene sollen dann durch die gängigsten sozialpsychologischen und soziologischen Rollentheorien konzeptionell strukturiert werden.

Methodisch steht auch hier am Anfang eine Eingangsrunde. Daran anschließend sind alle von den Teilnehmern vorgebrachten supervisorischen Anliegen vorrangig mit psychodramatischer Methodik zu bearbeiten und inhaltlich immer der rollentheoretische Gehalt zu akzentuieren.

Nach zwei oder drei Sitzungen, in deren Verlauf die Leiter verschiedene Varianten psychodramatischer Arbeit demonstrieren, werden die Teilnehmer wieder gebeten, sich zur eigenen Arbeit, möglichst zu fünft, zusammenzuschließen, um psychodramatische Arbeitsformen selbst zu praktizieren. Wegen der methodischen Komplexität ist es hierbei allerdings sinnvoll, gesonderte Aufgaben zu stellen, etwa verschiedene Formen des „Doppelns" zu praktizieren.

In einer Theoriesequenz am zweiten Tag sollte zum einen das Konzept des Psychodramas in wesentlichen Zügen vorgestellt werden, sodann seine rollentheoretischen Implikationen in bezug zu derzeit relevanten Rollentheorien. Danach sollte die Rollenspielmethodik und -theorie in Beziehung gesetzt werden zur Integrativen Supervision.

In anschließenden supervisorischen Arbeiten, die wieder von den Leitern realisiert werden, sind spezifische methodische oder konzeptionelle Details weitergehend zu exemplifizieren. Darüber hinaus ist es in diesem Stadium des Seminars auch von Bedeutung, die Ausbildungsgruppe als System von Rollen zu thematisieren.

Den Abschluß bildet auch hier eine Abschlußrunde, die aber entsprechend dem Seminarthema durch „Doppeln" erfolgen kann, d.h. ein Teilnehmer stellt sich jeweils hinter einen anderen und versucht als dieser zu beschreiben welchen Gewinn er aus dem Seminar gezogen hat. Fehlende oder „falsche" Details werden vom gedoppelten Teilnehmer korrigiert.

4.1.2. Kompaktseminare

Der andere Seminartyp sind „Kompaktseminare". Sie finden zwischen den Seminarterminen der fortlaufenden Gruppe statt. Im folgenden sollen auch ihre Ziele, Inhalte und Methoden deutlich werden.

(1) Die Ziele der Kompaktseminare:

- Im Sinne *professioneller Kompetenzförderung* werden die Kandidaten hier mit thematischen Schwerpunkten vertraut gemacht, die das zugrundeliegende Modell ergänzen oder in feldspezifischem Sinne vertiefen.
- Unter *Gesichtspunkten personaler Kompetenzförderung* erhalten sie hier einerseits ergänzende thematische Anregungen, personale und berufliche Erfahrungen aufzuarbeiten, etwa im Bereich „Krisen". Sie erhalten andererseits Gelegenheit, ein jeweils neues „Trainerpaar" kennenzulernen, das als Menschen und Fachpersonen auch neue Facetten des gruppalen Systems erlebbar macht.
- Und im Sinne *der Förderung mitmenschlicher Haltungskomponenten* erleben die Kandidaten idealerweise vergleichbare ethische Haltungen bei jeweils neuen Trainern, so daß die Generalisierbarkeit des Ansatzes erlebbar wird.

(2) *Inhaltlich* sind den neun Kompaktseminaren à fünf Tage jeweils unterschiedliche Themen zugeordnet:

Die ersten beiden (1. und 2.) zentrieren sich um „Beratung", d.h. sie akzentuieren den Beratungsaspekt von Supervision in zuerst diagnostischer und dann in methodischer Hinsicht. Im Seminar (3.) „Methoden Integrativer Supervision" steht die methodische Grundstruktur des zu lehrenden Ansatzes in komprimierter Form zur Diskussion. In der folgenden Veranstaltung (4.) „Methoden und Modelle der Supervision" soll die Integrative Supervision von anderen, derzeit relevanten Supervisionsmodellen differenziert werden. Im Seminar (5.) „Krisenintervention und Krisenprävention" sind individuelle, interaktionale und systemische Krisen, die in supervisorischen Zusammenhängen auftreten können, und ihre Prävention relevant. Als (6.) „Dynamik von Institutionen" sollen organisatorische Entwicklungsprozesse in ihrer Bedeutung für die

Supervision verhandelt werden. Und im Seminar (7.) „Praxisfeldspezifische Arbeit" sollen die Besonderheiten von Praxis und supervisorischer Praxis in unterschiedlichen Arbeitsfeldern herausgearbeitet werden. Die letzten beiden Kompaktseminare zentrieren sich um die Organisationsberatung. Davon ist das eine (8.) auf umfassende Organisationsanalysen und das andere (9.) auf organisatorische Veränderungsstrategien bezogen.

(3) *Methodisch* ist auch in diesen Veranstaltungen, wie oben gezeigt, eine gute Integration zwischen Theorie-, Methodenvermittlung einerseits und Selbsterfahrung, bzw. Erleben der zur Diskussion stehenden Themen andererseits relevant.

(4) Die Kompaktseminare sind folgendermaßen *strukturiert*: Die neun Seminare von je fünf Tagen, d.h. insgesamt 45 Tagen, finden in den Zwischenräumen der fortlaufenden Gruppentermine statt. Sie laufen in aller Regel von Montag bis Freitag.

Exkurs (7): Beispiele für Seminar-Designs II

Im folgenden sollen wieder drei Beispiele, diesmal für die Anlage von Kompaktseminaren beschrieben sein. Das eine (1) zum Thema: „Methoden und Modelle der Supervision", das zweite (2) zur „Dynamik von Institutionen" und das dritte (3) verhandelt Organisationsanalysen.

ad (1) Seminar: Methoden und Modelle der Supervision

Dieses Seminar *zielt*

a. auf Kennenlernen von und Auseinandersetzung mit den derzeit relevantesten Gruppensupervisionsmodellen, wie Balintgruppenarbeit, TZI usw.
b. auf Abgrenzung der Integrativen Supervision gegenüber diesen anderen Ansätzen und auf
c. Förderung der gruppalen Arbeitsfähigkeit der Teilnehmer.

Inhaltlich stehen hier die derzeit relevantesten Gruppensupervisionsansätze im Vordergrund mit ihren jeweiligen konzeptionellen Implikationen, ihrer Abgrenzung zu gruppentherapeutischen Ansätzen und zur Integrativen Supervision.

Methodisch bildet wieder eine Eingangsrunde den Beginn. Bei dieser sollte der Akzent auf den bisherigen Erfahrungen im System der Ausbildungs-/Supervisionsgruppe liegen. Bei Kompaktseminaren hat die Eingangsrunde besondere Bedeutung, weil die Kompaktseminarleiter die Gruppe erst kennenlernen müssen und umgekehrt.

In den nachfolgenden Sitzungen praktizieren Leiter und Teilnehmer ein je unterschiedliches Supervisionsmodell anhand einer konkreten supervisorischen Thematik. Daran anschließend ist in Minilectures der Ansatz auch theoretisch zu präzisieren. In Zwischenstadien sollte kontrastierend zu TZI, Balintarbeit usw. jeweils ein von den Kandidaten aufgeworfenes, ähnliches Thema mit dem zu lehrenden Ansatz bearbeitet werden. Auf diese Weise sind Ähnlichkeiten und Unterschiede zu den jeweiligen Modellen noch deutlicher erlebbar zu machen.

Am dritten Tag sollte eine kompakte Vorlesung über unterschiedliche gruppensupervisorische Modelle folgen, bei der auch die relevantesten gruppalen Therapiekonzepte abgegrenzt werden.

Jetzt ist die Gruppe meistens thematisch so „angewärmt", daß sie Lust hat, in kleinen Gruppen, zu viert oder zu fünft, selbst den einen oder anderen Ansatz auszuprobieren. Hier ist darauf zu achten, daß die Rollen der Supervisoren und Supervisanden präzise festgelegt werden; denn besonders Führungsrollen werden in diesem Stadium einer Ausbildungsgruppe gerne vermieden. In einer nachfolgenden Auswertungssequenz ergeben sich nun allerhand gruppale Komplikationen, die jetzt im Stile Integrativer Supervision weiter bearbeitet werden.

Den Abschluß bildet wieder eine Abschlußrunde, bei der insbesondere die gruppale Struktur und der gruppale Prozeß akzentuiert werden.

ad (2) Seminar: Dynamik von Institutionen

Ziel dieses Seminars ist es,

a. die Teilnehmer mit organisatorischen und institutionellen Prozessen vertraut zu machen
b. und die jeweiligen Krisenpotentiale der einzelnen Stadien zu beleuchten, in denen dann auch Supervision oder Organisationsberatung angefordert wird bzw. aussichtsreich ist.

Inhaltlich stehen hier die derzeit relevanten Prozeßmodelle aus der organisationstheoretischen Literatur im Vordergrund und ihre Verwendbarkeit in Supervision und Organisationsberatung (vgl. TÜRK 1989).

Methodisch bildet auch hier eine „Eingangsrunde“ den Einstieg.

Nun kann der Leiter die Gruppe bitten, ein sogenanntes „Organisationspanorama“ anzufertigen (SCHREYÖGG 1991a). Hierbei sollen die Teilnehmer ein organisatorisches System, mit dem sie besonders gut vertraut sind, in seinen verschiedenen Entwicklungsphasen, so wie sie die selbst erlebt haben oder vom Hören-Sagen kennen, darstellen.

In einer anschließenden Sequenz wird zunächst ein Panorama von den Leitern exemplarisch bearbeitet, unter Verwendung möglichst mehrerer organisatorischer Prozeßmodelle. Je nach Gruppenprozeß und generellem Bedürfnis der Teilnehmer sollte vielleicht noch ein zweites Bild exemplarisch bearbeitet werden. Nun kann man die Teilnehmer bitten, sich im Rahmen von Triaden-Arbeit im Bearbeiten der Organisationspanoramen selbst zu üben. Die Leiter werden sequenzenweise assistieren oder beraten. Auch hier ist es sinnvoll, darauf zu achten, daß die Rollen von Supervisor, Supervisand und Beobachter präzise designiert werden; denn besonders in differenzierenden Stadien von Ausbildungsgruppen treten oft eine Vielzahl verdeckter, fachlicher und persönlicher Rivalitäten auf, was meistens durch Vermeiden formaler Rollenzuschreibungen charakterisiert ist.

Wenn sich solche Phänomene deutlich zeigen, läßt sich auch der gruppale Prozeß als „institutioneller Entwicklungsprozeß“ ausdeuten und mit den Teilnehmern spiegelbildlich zu ihren Organisationserfahrungen herausarbeiten. Auf diese Weise sind generelle Systementwicklungen, aber auch Unterschiede in der Entwicklung von formalen und nicht-formalen Systemen erlebnishaft zu zeigen.

Am dritten Tag sollte dann wieder eine Sitzung für eine Vorlesung über „Organisatorische Prozeßmodelle“ genutzt werden. In weiteren Sitzungen werden die Teilnehmer zunehmend Interesse an der Thematik gefunden haben, so daß jetzt der Schritt zur Auseinandersetzung mit Handlungsmustern erfolgen kann, d.h. wie ein System in bestimmten Stadien supervidiert und beraten werden kann.

Hierzu bieten sich Rollen- bzw Planspiele an, bei denen Teams in unterschiedlichen organisatorischen Stadien nachgestellt und beraten werden. Diese Thematik kann dann durch Mini-lectures vertieft werden.

Das Ende bildet wieder eine Abschlußrunde, bei der gruppale Prozeßphänomene, die die Teilnehmer in diesen Tagen erlebt haben, zu akzentuieren sind.

ad (3) Seminar: Organisationsberatung I – Organisationsanalysen

Ziele dieses Seminars bestehen in

a. der Vermittlung eines grundlegenden organisationsanalytischen Handwerkszeuges anhand der heute bekanntesten Organisationstheorien.
b. Dabei steht die konkrete Anwendung theoretischer Konzepte und ihre Integrierbarkeit in den gelehrten Supervisionsansatz im Vordergrund.
c. Anhand von vielfältigen Organisationsanalysen soll den Teilnehmern auch schon ein erster Eindruck von den Möglichkeiten und Grenzen organisatorischer Veränderung vermittelt werden.

Inhaltlich sollten Strukturierungsmuster zur Analyse formaler und nicht-formaler organisatorischer Phänomene gelehrt werden mit ihren jeweiligen anthropologischen Implikationen.

Ein sinnvoller *methodischer* Zugang zum Thema ist hier, die Teilnehmer schon zu Beginn des Seminars für den Ansatz „zu erwärmen", der am besten in das Supervisionsmodell integrierbar ist, d.h. das „Organisationskulturkonzept". Zur Einführung läßt sich ein Film „Unternehmenskultur" (SCHREYÖGG, G. 1987) vorführen, bei dem drei unterschiedliche Organisationskulturen analysiert und verglichen werden. In einer anschließenden Sequenz ergeht die Bitte an die Teilnehmer, auf einem großen Blatt Papier intuitiv die „Organisationskultur" darzustellen, in die sie selbst eingebunden sind.

Im Anschluß an diese Malaktion wird von den Leitern eines dieser Bilder, in der Zusammenarbeit mit dem Protagonisten und der gesamten Gruppe, anhand möglichst vielfältiger organisationstheoretischer Muster ausgedeutet, danach vielleicht noch ein zweites „Werk". Im Zuge solcher Analysen können dann auch andere Materialien, wie etwa Bausteine, für die Analyse formaler Strukturmuster oder politischer Prozesse zur Anwendung kommen. Das besondere Augenmerk sollte aber auf der Analyse kultureller Muster liegen.

In der darauffolgenden Sitzung wird die Gruppe gebeten, sich zu dritt oder zu viert zusammenzuschließen, um eine solche Arbeit selbst zu versuchen. Die Leiter gehen dabei von Gruppe zu Gruppe, um Unterstützung zu geben.

Nach diesen Arbeiten werden bei den Teilnehmern vielfältige Fragen zu generellen organisatorischen Phänomenen und besonders zu spezifischen Fragestellungen auftauchen, mit denen sie an ihrem Arbeitsplatz konfrontiert sind. Diese lassen sich nun wieder in der Gesamtgruppe, mithilfe von formalen Organigrammen, Rollenspielen usw. bearbeiten.

Aus solchen Arbeitszusammenhängen lassen sich dann wieder spezifische Fragestellungen entwickeln, wie etwa: „In welchem Verhältnis stehen die Subkulturen eines Systems?" Zu derartigen Themen können die Teilnehmer dann wieder in Untergruppen selbständig arbeiten.

Am Vor- oder Nachmittag des dritten Tages findet drei Zeitstunden lang eine Vorlesung statt, in der Konzepte zur Analyse formaler und nicht-formaler Muster von Organisationen zu erläutern sind. Dabei sollten ihre jeweiligen Hintergrundkonzepte, ihr Bezug zur Integrativen Supervision und ihre Relation zu den bisherigen konkreten Organisationsanalysen, die in der Gruppe erstellt wurden, deutlich werden.

Im Anschluß an die Theoriesitzung können die Teilnehmer nun, je nach ihren Bedürfnissen, wieder in Untergruppen oder im Plenum weitere „Organisationskulturbilder" bearbeiten, bis alle Mitglieder der Gruppe Gelegenheit hatten, die organisatorische Situation ihres Arbeitsplatzes zu untersuchen. Hier ist es auch wichtig, mit den Teilnehmern zu erarbeiten, welche Veränderungsmöglichkeiten in einzelnen organisatorischen Konstellationen voraussichtlich bestehen oder nicht, welche Interventionen denkbar sind, wie Veränderungsprozesse realistischerweise vor sich gehen könnten usw.

Gegen Ende des Seminars ist es sinnvoll, eine Sequenz vorzuschlagen, in der mit allen Teilnehmern die „Kultur der Gruppe" eruiert wird.

Das Seminar schließt wieder mit einer Abschlußrunde, bei der alle Kandidaten ihren persönlichen und fachlichen Gewinn usw. aus der Veranstaltung mitteilen.

Exkurs (8) Zur Didaktik von Supervisions-Workshops

Ein Gegenstück zu Seminaren, die im Verlauf von längerfristigen Fortbildungen stattfinden, bilden „Workshops". Bei ihnen handelt es sich um kurzfristige Veranstaltungen ohne Einbettung in einen gruppalen Prozeß. Sie bedürfen einer speziellen didaktischen Anlage, da die Teilnehmer das Erlebte nachträglich nicht mehr in dem Ensemble weiterführend bearbeiten können, in dem es auftauchte. (1) Anlaß von Workshops können Supervisions-Tagungen, „Crash-Kurse" für Supervisoren usw. sein. Anlaß ist aber gelegentlich auch eine einmalige Supervisionsveranstaltung in einer Fortbildungsgruppe oder in einem organisatorischen System.

Entsprechend dem Anlaß kann die (2) lernorganisatorische Struktur zwei bis drei Stunden, einen Tag, ein Wochenende oder fünf Tage umfassen. Und auch die Teilnehmerzahl variiert von vier Personen, als Kleingruppe, bis zu 20-30 Personen. Bei einer größeren Anzahl von Teilnehmern läßt sich z.B. in einem inneren Kreis konkrete supervisorische Arbeit realisieren, die von einem äußeren Kreis beobachtet wird.

(3) Die Ziele und damit verbundenen Inhalte eines Workshops können je nach dem Anlaß sehr unterschiedlich sein. Bei Supervisionstagungen etwa geht es oft um Demonstrationen eines spezifischen Supervisionsansatzes, um methodische oder konzeptionelle „Finessen" usw. Dabei handelt es sich dann um kurzgefaßte Lehrveranstaltungen zur Supervision. Supervisions-Workshops können aber auch der kurzfristigen Supervision eines Systems oder einer Gruppe von Fachleuten dienen.

Die (4) Methodik sollte immer sorgfältig auf den Anlaß, die zeitliche Struktur, die Ziele, die Zielgruppe, Teilnehmerzahl usw. abgestimmt sein. Auch hier ist differenzierte Planung empfehlenswert. Sie sollte aber bei Workshops besonders variabel angelegt sein, denn oft lassen sich vor Beginn der Veranstaltung die Anzahl, Vorbildung und Interessen der Teilnehmer nur schwer einschätzen. Deshalb ist es im allgemeinen sinnvoll, mehrere alternative Designs vorzubereiten.

Als grundlegende methodische Orientierung sollte auch hier immer eine Kombination von Theorie- und Methodenvermittlung sowie Selbsterfahrung, im Sinne von Eigensupervision, unterlegt sein. In Workshops ist aber noch deutlicher als bei anderen Seminartypen darauf zu achten, daß nur soviel supervisionsrelevantes

Material bei den Teilnehmern evoziert wird, als im Verlauf der Veranstaltung auch bearbeitet werden kann. In Fällen, wo in Anfangsstadien eines Workshops bei den Besuchern viele Themen mit eventuell stark emotional geladenen Problemkonstellationen in den Vordergrund ihres Bewußtseins gelockt wurden und sie dann keine Möglichkeit der Bearbeitung erhalten, verlassen sie die Veranstaltung regelmäßig unzufrieden.

So ist besonders die Initialphase eines Workshops sorgfältig zu planen. Bei 20 Besuchern und einem zeitlichen Rahmen von drei Stunden anläßlich eines Workshops, „Einführung in die Integrative Supervision", läßt sich z.B. mit einer einfachen Imaginationsübung arbeiten, wie etwa: „Ich möchte Ihnen vorschlagen, daß Sie sich in Ihrer Vorstellung an Ihren Arbeitsplatz begeben, so wie Sie ihn gestern erlebt haben. Was sehen Sie, was fühlen Sie, wem begegnen Sie ... usw." Nach einer solchen Sequenz wird sich voraussichtlich ein Besucher melden, um seinen Arbeitsplatz genauer zu untersuchen. Die anderen Teilnehmer fokussieren dann ihre Aufmerksamkeit auf diese Supervisionssequenz. Sie sollten allerdings daran anschließend Gelegenheit erhalten, die Homologien und Differenzen zu ihrer eigenen Imagination verbal zu artikulieren. Ausgehend von solchen Gruppengesprächen kann dann eine grobe theoretische Einführung gegeben werden.

Bei einer Gruppe von sechs Personen und sechs Stunden Zeit zum Thema: „Die Organisation in der Supervision", kann umfassenderes und vor allem prägnanteres Bearbeitungsmaterial gelockert werden. So lassen sich alle Teilnehmer bitten, ein Bild zu malen mit dem Titel: „Ich in meiner Organisation." Daran anschließend läßt sich dann jedes „Werk" in der Gruppe gesondert ausdeuten und bearbeiten. In einer abschließenden Theoriesequenz sollten anhand der bearbeiteten Bilder wesentliche organisationstheoretische Aspekte für die Supervision zusammenfassend vermittelt werden.

Die Methodik muß allerdings auch auf die Zielgruppe abgestimmt sein, d.h. die Berufsgruppenzugehörigkeit, die Vorbildung, das berufliche Umfeld der Teilnehmer. So sind etwa in einem Workshop für Projektmanager andere methodische Zugänge zu wählen als in einem für Erzieher. Aus diesem Grund sollten sich Leiter von Workshops im inneren Rollentausch immer vorher auch die methodischen Präferenzen der voraussichtlichen Teilnehmer vergegenwärtigen.

4.2. *Das Einzelsetting*

Auch hier sollen die spezifischen Ziele, die Inhalte, der zeitliche Rahmen, aber auch die entsprechende Dokumentationsweise beschrieben werden. Wegen der „augenscheinlichen" Nähe zur Lehr- und Kontrollanalyse psychotherapeutischer Ausbildungen wollen wir im Rahmen eines Exkurses noch die Abgrenzung zu diesen didaktischen Maßnahmen verhandeln.

4.2.1. Die Lehreinzelsupervision

Geht es bei den gruppalen Ausbildungsteilen um generelles Vertrautmachen mit den (1) Richt-*Zielen* und ihre basale Realisierung, sollen sie in der Lehreinzelsupervision personenspezifisch, also auf den einzelnen Ausbildungskandidaten und seine konkrete Supervisionsarbeit umgesetzt werden.

Die *Ziele* der Lehreinzelsupervision bestehen im gesamten Ausbildungsrahmen in der

- personen- sowie
- feldspezifischen „Feinarbeit". Kandidaten sollen dabei eine elaborierte Umsetzung des Ansatzes erlernen, aber auch ihre eigenen Grenzen und die des Ansatzes austarieren.
- Darüber hinaus erhält der Supervisand in diesem dyadischen Ausbildungsteil ein Modell für qualifizierte Einzelsupervision.

(1) *Inhaltlich* zentriert sich *Lehreinzelsupervision* um Auseinandersetzungen mit der eigenen Supervisionsarbeit des Ausbildungskandidaten. Dies soll in einem konzeptionellen Verständnis geschehen, wie wir es im einführenden Abschnitt umrissen hatten.

So steht also,

- im Sinne der Inhalte zu Richtziel A, in der Lehreinzelsupervision einerseits die Diagnostik der Kandidatenarbeit im Vordergrund, mit der Themen von Supervisanden und die Supervisionssituation erfaßt werden. Hier ist andererseits relevant, wie Themenbearbeitung und die supervisorischen Situationen konzept- und kontextspezifisch gehandhabt werden.
- Im Hinblick auf Richtziel B, personale Kompetenzerhöhung, ist hier zu thematisieren, wie der Lehreinzelsupervisand als Mensch mit seinem individuellen So-Sein und seinen sozialen Möglichkeiten konkrete Supervisionssituationen beantwortet und in ihnen interagiert.

- Und, unter Bezug auf Richtziel C, ist zu untersuchen, wie er das Humanum seiner Supervisanden, ihrer Klientel und deren gesamten Praxiskontextes zu wahren sucht.

Diese Inhalte sollten (2)

- anhand von zwei eigenständig durchgeführten Einzelsupervisionsprozessen von je ca. 15 Stunden und anhand
- eines Gruppen- oder Teamsupervisionsprozesses von ca. 15 Sitzungen bearbeitet werden.

(3) *Methodisch* sind in der Lehreinzelsupervision alle die Maßnahmen exemplarisch zum Einsatz zu bringen, die bei der Einzelsupervision dieses Supervisionsmodells grundsätzlich Verwendung finden. Im Unterschied zur „normalen" Einzelsupervision findet aber am Ende jeder Sitzung grundsätzlich eine Meta-Reflexion statt, bei der alle methodischen und diagnostischen Aspekte systematisiert werden.

Als (4) *formale Strukturierung* von Lehreinzelsupervision ist von Bedeutung:

- ihr genereller zeitlicher Rahmen,
- ihre inhaltliche Differenzierung und
- ihre personelle Struktur.

Auf dem Hintergrund oben beschriebener Ziele und Inhalte ist es sinnvoll, die Lehreinzelsupervision erst dann zu beginnen, wenn der Ausbildungskandidat schon durch gruppale Ausbildungssequenzen über grundlegende, konzeptgerechte Kompetenzen verfügt, d.h. im Verlauf des zweiten Fortbildungsjahres.

Der Zeitpunkt des Beginns ist allerdings darauf abzustimmen, wie es dem Ausbildungskandidaten schon gelungen ist, Supervisanden selbst zu „akquirieren", denn diese „Akquisitions"-Fähigkeit wird hier bereits als ein Ergebnis seiner sozialen Kompetenzsteigerung begriffen. Außerdem muß der Kandidat im Verlauf der gruppalen Ausbildung schon die Qualifikation erworben haben, sinnfällige Kontrakte einzugehen (LIPPENMEIER 1992).

Die Lehreinzelsupervision umfaßt als *Minimalanforderung* 30 Sitzungen à zwei Stunden. Viele Ausbildungskandidaten überschreiten allerdings schon aus freien Stücken diesen zeitlichen Rahmen. Die Lehreinzelsupervision gilt jedenfalls erst dann als „erfolgreich beendet", wenn der jeweilige Lehreinzelsupervisor den begründeten Eindruck hat, daß der Kandidat eine konzeptgerechte Supervisionsarbeit leisten kann, d.h. eine professionell kompetente, menschlich flexible und verantwortliche Supervision zu leisten imstande ist. Dieser Eindruck soll dem zuständigen Weiterbildungsausschuß in einem knappen Statement übermittelt werden.

Wegen der Vielzahl der Themen, die regelmäßig in den Sitzungen anfallen, ist es notwendig, für Lehreinzelsupervision jeweils eine Doppelstunde zu veranschlagen, also mindestens 30x2 Stunden à 50 Minuten. Die Frequenz sollte am Anfang, etwa die ersten beiden Male, eine Doppelstunde pro Woche, später 2 oder 4 wöchentlich betragen.

Wie im Zusammenhang mit den „Lehr-/Lernziel-Kontrollen" noch deutlich wird, muß der Ausbildungskandidat eine von ihm durchgeführte Supervision dokumentieren. Dies dient zum einen der eigenen „Lernfortschritt-Kontrolle", zum anderen als Kontrolle für die Ausbildungsleitung.

Die personelle Struktur der Lehreinzelsupervision muß so gestaltet sein, daß der Kandidat hier immer eine ihm neue Lehrperson wählt. Insbesondere Leiter der fortlaufenden Gruppe und Lehreinzelsupervisor sollten immer personell getrennt sein. Auf diese Weise lernt der Kandidat mehr Personen mit ihren individuellen Stilkomponenten kennen und kann so seinen Erfahrungshorizont erweitern. Außerdem wird so unnötigen und nur schwer kontrollierbaren „Geschwisterrivalitäten" im gruppalen Ausbildungsverband vorgebeugt.

Für die (5) Dokumentation empfiehlt sich folgende, konzeptgerechte Strukturierung:

- zunächst werden *diagnostische Aspekte* der Supervisionssituation und der supervidierten Thematik nach den strukturellen Kategorien „individuell, interaktional und systemisch", danach nach prozessualen Besonderheiten der Supervisionssituation beschrieben.

- Im nächsten Schritt sollen *methodische Maßnahmen*, die bei Rekonstruktionen und der weiterführenden Veränderungsarbeit Verwendung fanden, dargestellt werden.

- Den Abschluß bildet jeweils eine Analyse der *eigenen, persönlichen Beteiligung* und eine Einschätzung der *menschlichen Bedeutung*, die eine jeweilige Supervisionssitzung für alle Anwesenden hatte.

Im Verlauf gemeinsamer Arbeit können selbstverständlich auch ergänzende oder differenzierende Strukturierungsmuster entwickelt werden.

4.2.2. Exkurs (9): Unterschiede zwischen Lehreinzelsupervision und Lehr- bzw. Kontrollanalysen in psychotherapeutischen Ausbildungen

Da die Lehreinzelsupervision Ähnlichkeiten zur sogenannten Lehranalyse und zur „Kontrollanalyse“ in psychotherapeutischen Ausbildungen aufweist, soll sie hier, um Verwechslungen vorzubeugen, noch von diesen beiden didaktischen Bestandteilen abgegrenzt werden.

Dabei sind zum besseren Verständnis in einem ersten Schritt (1) Unterschiede zwischen Therapie und Supervision, dann erst die (2) Abgrenzung zur Lehr- und die (3) zur Kontrollanalyse deutlich zu machen.

(1) Supervision läßt sich von Psychotherapie in vier entscheidenden Punkten abgrenzen, von denen die ersten drei auf die Inhalte, der vierte auf die Handhabung der Supervisionssituation zentriert sind.

- Inhaltlich ist Supervision auf den beruflichen Bereich zentriert, während Psychotherapie primär die Privatwelt von Menschen erfaßt.
- In der Supervision sollten immer systematische, rationale Diagnosen von organisatorischen und gesellschaftlichen Praxiskontexten vorgenommen werden.
- Hier muß auch sorgsam zwischen der „äußeren“ und der „inneren“ Realität von Praxis unterschieden werden (KERNBERG 1980), d.h. jede Supervisionsarbeit muß ständig zwischen „objektiven“ und subjektiven Einflußfaktoren von Praxis zu differenzieren suchen.
- Im Hinblick auf die Handhabung der Supervisionssituation besteht der Auftrag an den Supervisor darin, die Autonomie, bzw. Handlungsfähigkeit von Supervisanden nicht zu schwächen, also keine *langfristigen Regressionen* zu befördern.

Die Lehreinzelsupervision läßt sich von der Lehr- und Kontrollanalyse schwerpunktmäßig wie folgt abgrenzen:

(2) Die *Lehranalyse* dient im Verlauf der Psychotherapeutenausbildung einer systematischen Rekonstruktion des bisherigen lebensweltlichen Kontextes des Kandidaten. Sie wird anhand von aktuell auftauchenden Erfahrungen in unterschiedlichen Kontexten geführt. Die Lehreinzelsupervision dagegen beschränkt sich, wie Supervision überhaupt, thematisch deutlicher auf arbeitsweltliche Erfahrungen des Lehreinzelsupervisanden im Verlauf seiner Arbeit.

Auseinandersetzungen mit der individuellen Genese des Supervisions-Ausbildungskandidaten müssen punktuelle Ausnahmeerscheinung bleiben. Sie können jedenfalls in der Lehreinzelsupervision nicht systematisch, bzw. prozessual erfolgen, und sie sollten dann auch stärker auf den beruflichen Erfahrungshintergrund zentriert bleiben.

Jede Lehreinzelsupervisions-Sitzung startet und endet thematisch mit Auseinandersetzungen über die eigene Supervisionspraxis des Kandidaten. Wenn sich im Verlauf der Arbeit herausstellen sollte, daß der Kandidat vertiefte psychotherapeutische Sequenzen benötigt, sollte er sich gesondert, d.h. bei einem Psychotherapeuten in Psychotherapie begeben.

Aus allem Bisherigen versteht es sich von selbst, daß Lehreinzelsupervision einen viel höheren Grad an rationaler Reflexion, im Hinblick auf diagnostische und methodische Fragen beruflicher Kontexte enthalten muß und keine systematische Regressionsförderung beinhalten kann.

(3) Die *Kontrollanalyse* ähnelt der Lehreinzelsupervision stärker, weil hier wie dort die eigene berufliche Praxis des Kandidaten inhaltlich dominiert und hier wie dort fachliche und persönliche Defizite sowie Erweiterungen von Fachlichem und Persönlichem angestrebt werden.

Ein Unterschied besteht allerdings insofern, als bei der Kontrollanalyse „restneurotische Anteile" des Kandidaten, die durch seine konkrete Praxis evoziert werden, ähnlich zur Lehranalyse, analysiert und bearbeitet werden müssen. Solche Arbeit kann sich auch über einen längeren Zeitraum hinziehen. So enthält die kontrollanalytische Situation oft einen relativ hohen Grad an „Psychotherapeutisierung".

Lehreinzelsupervision sollte demgegenüber nicht in der gleichen intensiven Weise psychotherapeutisch orientiert sein, denn ein zentrales Ziel besteht hier darin, daß der Kandidat durch sie ein, allerdings vertieftes Modell für die eigene Supervisionsarbeit im Einzelsetting erhält (SCHREYÖGG 1987).

Exkurs (10): Beispiele für Lehreinzelsupervisions-Sitzungen

Zur Veranschaulichung soll nun je ein Beispiel für Lehreinzelsupervision eines Einzel- und eines Teamprozesses beschrieben sein.

a. Lehreinzelsupervision eines Einzelsettings
Das nachfolgende Beispiel zeigt zwei anfängliche Lehreinzelsupervisions-Sitzungen einer Einzelsupervision.

Dabei geht es um die Begleitung einer „Führungsberatung". Sie wurde von einer Lehreinzelsupervisandin übernommen, die als Diplompädagogin und Leiterin eines Tagungshauses selbst über umfassende Führungserfahrungen verfügte. „Ich möchte im Verlauf der Lehreinzelsupervision die Führungssituation einer Frau genauer bearbeiten", meinte sie.

In der ersten Sitzung erzählte die Kandidatin zunächst über sich selbst, dann beschrieb sie ihre Supervisandin und deren Arbeitssituation, d.h deren zentrale Interaktionspartner, das System, in dem sie tätig ist, die Relation zu Suprasystemen usw.

Bei der Supervisandin handelte es sich um eine 36jährige, gut aussehende Frau, kinderlos, mit fester Partnerbeziehung, die seit einem Monat eine neue Stelle als Leiterin eines staatlichen Behindertenwerkes übernommen hatte. Ihre wichtigsten Interaktionspartner im System waren zum einen ein Verwaltungsleiter, der ihr beigeordnet war, und drei Mitarbeiter, Abteilungsleiter von Subsystemen, als deren unmittelbare Vorgesetzte sie fungierte. Vor Antritt ihrer Stelle hatte der zuständige Anstellungsträger deutlich gemacht, daß ihre Aufgabe darin bestehe, im Innenraum des Systems „aufzuräumen". Wegen der formalen Attraktivität dieser Stelle hatte die Supervisandin diesen Hinweis nicht weiter beachtet, zumal es ihr eine interessante Aufgabe schien, konzeptionelle und methodische Verbesserungen im Behindertenbereich zu etablieren. So war ihre neue Aufgabe offiziell definiert. Nun, in der Einrichtung „angekommen", erlebte sie so verwirrende Verhältnisse, daß sie sich sofort für ein halbes Jahr in Supervision begeben wollte.

Die L.-Supervisorin bat die Kandidatin genauer zu erläutern, worin die „verwirrenden Verhältnisse" bestünden. „Sie kommt selbst nicht dahinter, sie merkt nur bei jeder Sitzung, daß ‚was nicht stimmt, daß nicht offen geredet wird'."

L.-Supervisorin: „Gibt es keine greifbaren Phänomene? Wie könntest du sie unterstützen, die Situation präziser zu erfassen?" „Ja, ich könnte sie anregen, jede dieser Sitzungen genauer zu untersuchen, aber nach welchen Kriterien?" Die Kandidatin wirkte ratlos. „Sie weiß auch noch so wenig von dem System." L.-Supervisorin: „Wie könnte sie sich mehr Informationen besorgen?" L.-Supervisandin: „Sie sagt, alle mauern, sie erfährt auch bislang nichts über ihre Vorgängerin." L.-Supervisorin: „Vielleicht weiß sie bei den nächsten Malen mehr, und ihr könnt weiterarbeiten." L.-Supervisandin: „Das ist ehrlich schwer auszuhalten, wenn man nicht weiterkommt."

Der Rest der Sitzung zentrierte sich um die Spannung, die sie als Supervisorin hat, wenn sie gemeinsam mit der Supervisandin so „im Dunkeln" tappt und deswegen auch keine weitere Unterstützung geben kann. „Mensch, am liebsten möchte ich die an die Hand nehmen und ihr zeigen, wie man an Informationen kommt, die man braucht, um sich auf Situationen einzustellen." Sie artikulierte jetzt sehr deutlich die Unterschiede zwischen der Rolle einer Supervisorin und dem „Selbst-Handeln". „Auflaufen, nichts in Erfahrung bringen, das hasse ich doch so." Ihr wurde jetzt deutlich, daß sie in ihrem eigenen Arbeitsprozeß immer auf umfassende Kontrollmöglichkeiten Wert gelegt hatte. „Jetzt muß ich eben warten und kann sie nur unterstützen, ihre Augen offen zu halten", war ihr Fazit.

In die folgende Sitzung kam die Kandidatin vergnügt mit „Neuigkeiten": In der Stunde nach der ersten L.-Supervisions-Sitzung hatte sie mit der Supervisandin ein „Programm" erarbeitet, wie sie „langsam, aber stetig" mehr über die „Geheimnisse" des Systems in Erfahrung bringen kann. Die Supervisandin hatte schon selbst vorgeschlagen, mehr in die Abteilungen zu gehen und nicht immer nur mit den Abteilungsleitern zu tagen. „Also, sie hat jetzt gemerkt, daß ‚ihr keine gebratenen Tauben ins Maul fliegen', sondern daß sie sich alle Informationen selbst beschaffen muß", war ihr Kommentar. Jetzt wurde erneut deutlich, wie schwer es der Kandidatin fiel, die Unwägbarkeit einer neuen Berufssituation zu begleiten. „Aber nach dieser Stunde hat sie was rausgefunden." Als nämlich die Supervisandin mit dem einen Abteilungsleiter dessen Station besuchte, lud er sie „freundlich-gehemmt" in sein Zimmer auf einen Kaffee ein und erzählte ihr, daß die vorherige Leitung nie anwesend war, „immer irgendwo" Vorträge gehalten habe und daß währenddessen die „Mäuse auf dem Tisch getanzt" haben. Dieses Führungsvakuum hatte dann ihre Stellvertreterin (eine der drei Abteilungsleiter) zu füllen versucht. „Die hat aber eine Liebesbeziehung mit dem X (dem anderen Abteilungsleiter) angefangen, hinter meinem Rücken. Aber ich habe das gemerkt, der hat sich nämlich immer die besten Mitarbeiter und die besten Aufgaben ‚abgesahnt'. Deshalb bin ich ja so froh, daß Sie jetzt da sind um aufzuräumen."

Die Supervisandin hatte diese Unterredung mit höchst ambivalenten Gefühlen verlassen. Einerseits war sie froh, die Spannung in den Abteilungsleitersitzungen besser zuordnen zu können, andererseits war sie von den Eröffnungen peinlich berührt. „O je, ist das privat." Auf ihre Gefühle zur „Privatheit" befragt, berichtete sie, daß sie selbst an einer ihrer bisherigen Arbeitsstellen eine Liebesbeziehung aufgenommen hatte. Wegen der Belastungen für das System, die sie sehr genau beschreiben konnte, hatte sich ihr Partner eine andere Stelle gesucht. Sie war aber jetzt dem „Kollegen" sehr dankbar, daß er ihr Einblick in die „geheime" Struktur des Führungsgremiums verschafft hatte. Die inhaltliche Seite der Information machte sie aber sehr beklommen, denn sie befürchtete eine Reihe von Komplikationen mit dem „Paar". „Sie ist aber sehr froh, daß sie nun einen Vertrauten gefunden hat", kommentierte die Kandidatin.

Die L-Supervisorin bat sie anhand von Bausteinen, die formale Konstellation mit der jetzt geschaffenen informellen zu vergleichen. „O je, sie kann unmöglich mit diesem Informanden koalieren", meinte sie jetzt, „denn dann geht sie ein illegitimes Bündnis gegen die beiden ein." Jetzt war die Kandidatin ganz verzagt. „Sie kann so ein heikles Thema aber wahrscheinlich auch nicht offen machen, dafür ist sie noch zu kurz da, was macht sie bloß. Da gibts nur eins: sie muß warten", stöhnte sie, „denn sie weiß ja noch nicht einmal, ob die Informationen stimmen, es könnte auch eine Intrige sein."

Die L.-Supervisorin fragte nun: „Was würde ein Mann, der richtig gut führen kann, an ihrer Stelle tun?" Die Kandidatin sah erstaunt auf. „Hm, der würde den formalen Weg beschreiten und zwar mit der ‚legitimen' Koalisationspartnerin, nämlich der Stellvertreterin reden. Nein, der hätte eigentlich schon in dem Moment, wo der Informand seine ‚Geheimnisse' offeriert hat, gesagt, lassen

Sie uns das alles auf den Tisch bringen. O ja, sie hat diese verdammte Einsamkeitsangst des Führers verleitet."

Im weiteren Verlauf der Sitzung erarbeitete die Kandidatin folgendes: Aus Solidarität mit der Supervisandin, deren schwieriger Führungsaufgabe als Frau, aber auch spiegelbildlich zur Thematik, war sie gleichfalls auf eine unreflektierte Koalition eingegangen, nämlich die von der Supervisandin implizit vorgegebene Perspektivität zu teilen. Diese Perspektivität bestand darin, daß man als „Führungsfrau" erst dann Intrigen aufdecken kann, wenn man eine „tragfähige Beziehung" aufgebaut hat.

Diese Thematik bildete nun einen Schwerpunkt der weiteren Arbeit in beiden Interaktionen, in der Supervision der Kandidatin und in ihrer Lehreinzelsupervision. Sie konnte die Supervisandin tatsächlich unterstützen, sich zunehmend auf ihre formalen Funktionen zu beziehen. Das Ergebnis war, daß die Supervisandin nach einiger Anlaufzeit einen externen Berater engagierte, der ihr half, die Komplikationen der drei Abteilungsleiter offenzulegen. Sie erarbeiteten sodann formale Konflikt-Lösungen. Die Abteilungen der beiden Männer wurden anläßlich notwendiger Umstrukturierungen räumlich und funktional stark separiert. Die Kandidatin veränderte gleichfalls deutlich ihren Führungsstil. Wo sie sich früher oft als emotional erpreßbar erwiesen hatte, oder auf diesem Wege Kontrollen auszuüben versuchte, deckte sie jetzt solche Zusammenhänge freundlich aber bestimmt auf. Als nebenberufliche Supervisorin spezialisierte sie sich auf die Beratung von Frauen in Führungspositionen.

b. Lehreinzelsupervision eines Teamsettings

Bei dem folgenden Beispiel geht es um die lehrsupervisorische Begleitung „organisationsinterner Supervision". Der Kandidat, ein promovierter Psychologe mit mehrjähriger Erfahrung in einer psychosozialen Beratungsstelle, hatte im Verlauf seiner Supervisorenausbildung die Position eines organisationsinternen Supervisors in einer Einrichtung der sozialpädagogischen Familienhilfe übernommen. Seine Aufgabe, die er bis zu Beginn der Lehreinzelsupervision schon ein halbes Jahr innehatte, bestand in der fortlaufenden Supervision mehrerer Teams von Familienbetreuerinnen. Es handelte sich dabei vorrangig um Erzieherinnen oder Familienhelferinnen, die in sogenannten problematischen Familien die Eltern unterstützen sollten, ihre elterlichen Aufgaben besser als bisher wahrzunehmen.

Ein jeweiliges Team bestand aus fünf oder sechs Frauen, die je einer Familie zur Verfügung standen und sich bei Krankheit oder in Urlaubszeiten untereinander zu vertreten hatten.

Der Kandidat mußte fünf solcher Teams regelmäßig supervidieren. Für die Lehreinzelsupervision sollte eines von ihnen fortlaufend verhandelt werden. Da sich der Kandidat zunächst nicht entscheiden konnte, welches das sein sollte, loste er kurzerhand eines aus.

Die ersten Lehreinzelsupervisions-Sitzungen verbrachte er damit, spezielle Themen der Supervisandinnen auszubreiten und vertieft zu bearbeiten. Sie zentrierten sich schwerpunktmäßig um die Interaktion zwischen Familie und Beraterin, um Veränderungen des familialen Systems durch Eintritt einer fremden Person, um Systemdiagnosen, angemessene Systeminterventionen und die Rolle des Kandidaten in der Supervision des Teams.

Die siebente Sitzung eröffnete der Kandidat mit resigniertem Tonfall, „Jetzt will der Leiter immer teilnehmen. Er sagt, er möchte auch was dazulernen, und ich hab's am Anfang ja auch mit ihm ausgemacht." Nun stellte sich heraus, daß er den Leiter, einen etwa 45jährigen Sozialpädagogen, bei seinen Bewerbungsgesprächen als sehr sympathischen und zugewandten Menschen kennengelernt hatte, und er sich auch geschmeichelt fühlte, als dieser ihm eröffnete, daß er „gelegentlich an den Supervisionen teilnehmen" wolle. Bei der „hohen Kompetenz" des neuen Supervisors sei sicher auch für ihn „manch fachlicher Gewinn drin". So habe er kurzerhand zugestimmt, zumal der Leiter seine Aufgabe im Gesamtsystem lediglich als „Koordinationsfunktion" beschrieben hatte. So antizipierte der Kandidat zunächst auch keine Kontrollproblematik für die Supervisandinnen und sich selbst. Da der Leiter durch den Bau eines Hauses sehr absorbiert und deshalb in den Supervisionen bislang nicht erschienen war, hatte der Kandidat diesen Vorfall „vergessen".

In der ersten Sitzung nun, wo der Leiter anwesend war, fühlte sich der Kandidat anfänglich etwas gehemmt, und beschloß „dann so weiter zu arbeiten wie sonst". Die Supervisandinnen wirkten erstaunlich vertraut mit dem Leiter und sprachen nun häufig diesen an. In einer weiteren Sitzung zog der Leiter immer mehr Aufmerksamkeit auf sich, d.h. er gab zu allem und jedem Statements ab, gab Ratschläge, überließ aber die Strukturierung der Situation dem Supervisor. Die Themen der Supervisandinnen verlagerten sich von nun an auf individuelle Phänomene der Kinder oder der Eltern und besonders oft auf ihr eigenes „Belastet-Sein" in der Arbeit.

Als der Kandidat in die Lehreinzelsupervisions-Sitzung kam, waren bereits drei Supervisionstermine nach diesem Muster gelaufen. „Es ist schwierig für mich, die Interaktionen und die Themen anders zu steuern, das läuft ganz automatisch immer nach diesem Muster", meinte der Kandidat. „Ich kann ihn auch nicht mehr raussetzen, weil ich es ihm ja bei unseren ersten Verhandlungen versprochen habe."

Die L.-Supervisorin bat den Kandidaten, die Rolle einer Supervisandin einzunehmen und aus deren Sicht den Leiter zu beschreiben. „Der ist o.k., der setzt sich immer für uns ein, man kann immer zu ihm kommen, er hat immer ein gutes Wort, er war aber in den letzten Wochen durch seinen Hausbau so belastet, daß er leider nicht bei unseren Supervisionen anwesend sein konnte."

Jetzt wurde der Kandidat gebeten, sich selbst aus den Augen der Supervisandin zu betrachten. „Der ist auch nett, aber irgendwie so fachlich, da muß man immer was überlegen, der kommt mir etwas streng vor, durch den verstehe ich mehr, aber mit dem anderen ist es gemütlicher."

Dem Kandidaten wurde nun dreierlei deutlich:

- Der Leiter und er stellten aus der Perspektive der Supervisandinnen in der konkreten Supervisionssituation ein Führungsdual dar.
- Der Leiter repräsentierte einen „gebenden" und er einen „fordernden Vater". Wo er konstruktive fachliche Spannung aufbaute, wurde sie durch den Leiter „weggekuschelt".
- Er selbst (der Kandidat) hatte sich von dem zugewandten Leiter narzißtisch verführen lassen und deshalb die potentiellen Risiken eines solchen Kontraktes nicht bedacht. Nach dem Motto, „Was mir gut tut, wird auch den Supervisandinnen gut tun", hatte er dem Vorschlag des Leiters zugestimmt. Dabei war er unversehens auf die Perspektivität des Leiters eingegangen, daß dieser ja gar keine „eigentliche Vorgesetztenfunktion" habe und deshalb die Kontrollproblematik von Vorgesetzten hier nicht relevant sei. Nun erwies sich aber genau die freundlich-patriarchalische Attitüde des Leiters als Problem, durch die der Kandidat zu dem speziellen Kontrakt verführt worden war.

Der L.-Supervisand sah nun ratlos drein. „Im Grunde kann ich gar nichts machen, ich hab's ihm versprochen."

Im Verlauf der weiteren Sitzung überlegte der Kandidat, auch mit Unterstützung eines Rollenspiels, wie er dem Leiter sein Dilemma deutlich machen könne. Er entschloß sich jedenfalls für ein offenes Gespräch.

In der darauffolgenden L.-Sitzung wirkte der Kandidat noch resignierter als in der vorhergehenden. „Er versteht es nicht, ich bring's nicht rüber. Er findet die Sitzungen so interessant und betont immer wieder, daß er doch auch was lernen will." In der Zwischenzeit hatten wieder drei Supervisionssitzungen stattgefunden, zwei davon mit dem Leiter. In der Sitzung ohne Leiter wurde ein Konflikt zwischen zwei Supervisandinnen verhandelt. Eine Familienbetreuerin hatte in den großen Ferien eine andere vertreten, und als die erste aus dem Urlaub zurückkam, wollte die Familie nur noch von dieser Vertreterin betreut werden. Sie hatte das auch versprochen, ohne der eigentlich zuständigen Kraft Bescheid zu geben. Daraufhin wurde die Kollegin erst vom Vater der Familie über die neue Abmachung aufgeklärt.

In der Supervision fand eine umfassende Aussprache statt, während derer sich die beiden Frauen zuerst lautstark beschuldigten, sich dann aber über die genaueren Details aussprachen und verständigen konnten.

„Hat diese Konstellation vielleicht auch mit dir und dem Leiter zu tun?" Der Kandidat eruierte nun, daß auch die Betreuerinnen von der Familie im Sinne des Führungsduals der Gesamteinrichtung definiert waren, die eine eben als „strenger" und die andere als „nährender". Und die Familie hatte sich für die „nährende" entschieden.

„Also, wenn der Leiter weiter dabei sein will, habe ich keine Chance, fachliche Entwicklungen zu befördern. Das Austragen des Konfliktes ging auch nur so offen, weil der mal nicht dabei war."

L.-Supervisorin: „Aber die nährende hat doch gewonnen?" „Ja, stimmt, meinte der Kandidat, sie hat sich durchgesetzt."

Der Rest der Sitzung war bestimmt von Überlegungen des Kandidaten, wie er sich des „Leiters entledigen" könne. Sein Fazit war, „Ich muß akzeptieren, daß er der Leiter ist und ich ihn nicht so ohne weiteres verändern kann, er ist auch mein Dienstvorgesetzter. Ich suche noch einmal ein klärendes Gespräch, diesmal deutlicher, und wenn er nichts versteht, kann ich das nicht mehr weiter machen."

Im weiteren Verlauf der Lehreinzelsupervision schälte sich immer deutlicher heraus, daß der Leiter sein mangelndes Fachwissen durch umfassende Freundlichkeit zu kompensieren suchte und sich den Supervisor ausdrücklich als Kompensat für seine fachlichen

Defizite engagiert hatte. „Das System ist für einen organisationsinternen Supervisor auch nicht groß genug. Ich bin diese kompensatorische Rolle leid und werde in einem halben Jahr kündigen", meinte der Kandidat nun wieder selbstbewußter.

Unter Hinweis auf „den exemplarischen Charakter einer klaren Kontraktbasis in der Lehreinzelsupervision", gelang es ihm lediglich, den Leiter aus dem Team „auszuladen", für das er lehrsupervidiert wurde. Er suchte sich im weiteren Verlauf eine andere Stelle.

4.3. Ko-Supervision

Ein weiterer Bestandteil der Supervisoren-Ausbildung stellt die Ko-Supervision dar. Bei der Ko-Supervision arbeitet der Kandidat zusammen mit einem erfahrenen Supervisor. Auch hierzu sollen wieder die Ziele, Inhalte, die lernorganisatorische Struktur und die Methodik dargestellt sein.

(1) Die *Ziele* der Ko-Supervision bestehen darin,

- daß der Kandidat neben und mit einem erfahrenen Supervisor im Team- oder gruppensupervisorischen Setting in einer für ihn meist neuen, nämlich kollegialen Rollenkonstellation tätig ist. Selbst wenn er in den ersten Stadien der gemeinsamen Arbeit nur beobachtend teilnimmt, wird ihm durch die Exzentrizität seiner Rolle automatisch ein professionellerer Blick für diagnostische und methodische Anforderungen von Supervisionssituationen frei.
- Im weiteren Verlauf sollte der Kandidat dann selbst tätig werden und anschließend seine Arbeit mit dem leitenden Supervisor besprechen. Ziel ist hierbei, methodische Stärken und Schwächen im Umgang mit einem sozialen System zu analysieren und auszugleichen. Darüber hinaus erhält der Kandidat hier Gelegenheit, seine personale Kompetenz im Umgang mit sozialen Systemen weiter auszubauen.
- Darüber hinaus hat die Ko-Supervision hervorragende Bedeutung bei der Rekrutierung von Lehreinzelsupervisoren und Leitern gruppaler Ausbildungsteile. Häufige Arbeit unter Anleitung von erfahrenen Supervisoren stellt sogar eine der zentralen Voraussetzungen für die „Berufung" dar.

(2) Die Inhalte beziehen sich auf Einüben kollegialer Zusammenarbeit und auf Auseinandersetzungen mit gruppalen Kontexten.

(3) Die *formale Anlage* der Ko-Supervision ist folgendermaßen: die Kandidaten arbeiten einzeln entweder mit einem erfahrenen Supervisor, der von der Ausbildungsleitung hierfür beauftragt ist, oder sie sind mit einer Lehrperson in einer Ausbildungsgruppe tätig. Die Ko-Supervision umfaßt mindestens 30 Stunden.

5. Lehr-/Lernziel-Kontrollen

Zur Kontrolle, inwieweit die Ziele des Programms an den Kandidaten realisiert werden konnten, lassen sich grundsätzlich zwei Formen unterscheiden:

- individuelle Prüfungsverfahren und
- empirische Evaluationen an einer größeren Anzahl von Teilnehmern.

5.1. Individuelle Prüfungsverfahren

Individuelle Prüfungsverfahren dienen der Kontrolle, inwieweit sich die einzelnen Kandidaten im Rahmen eines gegebenen Ausbildungsprogramms zielgerecht verändert haben.

Bei Darstellung des Zielsystems wurde allerdings schon deutlich, daß die Gesamtheit aller Richt- und Grobziele nur zu einem Teil operationalisierbar ist. So läßt sich ihre Realisierung auch nur zu einem Teil faktisch überprüfen. Wir postulierten eine ganze Reihe von Zielsetzungen, die nur schwer oder gar nicht operationalisierbar sind. Inwieweit sie im Rahmen der Ausbildung an den Kandidaten erreicht werden konnten, ist oftmals nur in speziellen Diskursen zu erschließen.

(1) Kontrolle operationalisierbarer Ziele
Die Realisierung von Richtziel A, also die professionelle Kompetenzerweiterung, läßt sich am ehesten operationalisierbar überprüfen. Wie allerdings im nun folgenden Abschnitt noch zu verhandeln ist, läßt sich auch dieses Ziel nur schwer „direkt", also an der realen

supervisorischen Arbeit der Kandidaten ermitteln. Inwieweit eine Erweiterung konzept-spezifischer, professioneller Kompetenzen bei den Kandidaten stattgefunden hat, muß dann „indirekt", also aus Veränderungen, die die Kandidaten selbst aufweisen, erschlossen werden.

Eine Kontrolle professioneller Kompetenzerweiterungen findet in einer abschließenden Individualprüfung statt. Sie umfaßt ein Gruppenkolloquium mit max. drei Personen, eine „Graduierungsarbeit", die zu einem vom Kandidaten selbst gewählten Thema methodischer, feldspezifischer oder konzeptioneller Art angefertigt wurde. Und sie beinhaltet eine Dokumentation sowie ein Gutachten vom Lehreinzelsupervisor. Die Bewertung dieser Prüfungsbestandteile obliegt einem Prüfungsgremium, das Entscheidungen im Sinne von „bestanden" oder „nicht bestanden" fällt.

(2) Kontrolle schwer operationalisierbarer Ziele
Komplizierter verhält es sich, wenn die Erreichung von Richtziel B, also die personale Kompetenzerhöhung, ermittelt werden soll. Inwieweit dieses Ziel erreicht wurde, ist immer nur im Rahmen von Ausdeutungen realer Erfahrungen mit dem betreffenden Ausbildungskandidaten zu leisten. Solche Einschätzung kann nicht von den Ausbildern, vom Kandidaten oder seiner Ausbildungsgruppe allein vorgenommen werden. Sie bedarf des Dialoges. Die konkrete Vorgehensweise ist hier so, daß am Ende des ersten Ausbildungsjahres und am Ende der gruppalen Ausbildung ein „kollektives Screening" stattfindet, bei dem die fachliche, aber besonders die personale Entwicklung vom Kandidaten selbst, von den Gruppenmitgliedern und von den Ausbildern der fortlaufenden Gruppe vorgenommen wird. In besonderen Fällen wird dem Kandidaten geraten, die Ausbildung zu verlassen oder sich im Rahmen einer Psychotherapie, Selbsterfahrungsgruppe usw. weitere Entwicklungspotentiale zu erschließen.

Feedback über individuelle und soziale Kompetenz-Komponenten sollte allerdings nicht auf solche Screening-Situationen begrenzt sein, sondern immer auch im Verlauf der konkreten Arbeit in den Seminaren so deutlich als möglich zum Ausdruck gebracht werden; denn die Kandidaten können nicht im Unklaren gelassen werden, wie sie von der Gruppe und von den Seminarleitern in ihrer personalen Kompetenz eingeschätzt werden. Hierin liegt übrigens auch eine besondere Aufgabe von Leitern der fortlaufenden Gruppe.

(3) „Kontrolle" nicht-operationalisierbarer Ziele
Besonders schwierig ist Realisierung von Richtziel C zu überprüfen. Das eine Grobziel, nämlich C.a., besteht in der intellektuellen Reflexion ethischer Fragen und läßt sich im Rahmen konventioneller Verfahren abprüfen. Das andere jedoch besteht in der Realisierung von „mitmenschlichem Engagement". Es sei gleich angemerkt, daß sich ethische Haltungen von Menschen im Rahmen einer Ausbildung nur begrenzt ermitteln lassen, zumal ja immer fraglich bleibt, wie sie sich in späteren Jahren weiterentwickeln. Zur Ermittlung der Erreichung dieses Zieles ist die Ausbildungsgruppe von besonderer Bedeutung; denn die Gruppenmitglieder haben im allgemeinen einen besonders intensiven Eindruck von der diesbezüglichen Qualifikation eines „Kollegen". So sollte bei allen Screenings auch dieser Aspekt thematisiert werden.

5.2. Empirische Evaluationen

Geht es bei Individualprüfungen um die Frage, inwieweit ein gegebenes didaktisches Programm bei einzelnen Kandidaten mehr oder weniger erfolgreich war, sucht man mit Hilfe empirischer Untersuchungen die Effekte der Didaktik insgesamt zu ermitteln. Hier steht dann zur Diskussion, ob und wie umfassend die gesetzten Ziele der Lehre an einer größeren Zahl von Kandidaten, die voraussichtlich verallgemeinerbare Aussagen zuläßt, realisiert werden konnten und inwieweit Modifikationen des Gesamtprogramms vorgenommen werden sollten.

Wie wir im nachfolgenden Abschnitt allerdings sehen werden, müssen solche Lehr-/Lernziel-Kontrollen im wesentlichen auf die Erreichung operationalisierbarer, also professioneller Zielsetzungen begrenzt bleiben. Es wird aber auch zu zeigen sein, daß auf diese Weise durchaus relativ komplexe Intentionen einer Didaktik zu ermitteln sind.

6. Realisierung des „offenen" Curriculums

Nun besteht, wie eingangs angesprochen, ein Charakteristikum von Curricula darin, daß sie von bestimmten Menschen zu bestimmten Zeiten konzipiert und realisiert wurden, daß sie also nie einen

Absolutheitsanspruch erheben können. Aus diesem Grund müssen sie immer als „offene" Curricula angelegt sein, d.h. in ihren Wirkungen laufend überprüft und in gewissen Abständen revidiert werden.

Das gilt aber auch für den zu vermittelnden Gegenstand. Gerade bei der Vermittlung von komplexen Handlungsmodellen, die ja auch immer von Menschen in einer bestimmten historischen Epoche konzipiert sind, muß immer die Möglichkeit von „Revisionsbedürftigkeit" antizipiert werden. Und das gilt in besonderer Weise für integrative Handlungsmodelle; denn ein Charakteristikum solcher Ansätze besteht gerade in ihrer „Konzeptoffenheit", d.h. in der Option, immer wieder neue Theorie- und Methodenansätze ins Gesamtkonzept einzufügen, überholte auszusondern usw. Und derartige Konzeptrevisionen lassen sich besonders gut durch Überprüfungsverfahren der Lehre des Ansatzes vornehmen. Da die Lehre eines integrativen Handlungsmodells selbst wieder integrativ konzipiert sein muß, gilt diese „permanente Revisionsbedürftigkeit" auch für den jeweiligen didaktischen Ansatz.

So ist es also sinnvoll, daß Teilnehmer wie Lehrpersonen im Verlauf und am Ende von Ausbildungsteilen jeweils zusammentragen, ob Ziele, Inhalte, Methodik, lernorganisatorische Struktur sowie Lernzielkontrollen für sie sinnhaft waren oder nicht, ob neue sozialwissenschaftliche Ansätze oder Methodenkonzepte zu integrieren, andere zu eliminieren sind usw. Darüber hinaus sind auch Befunde aus empirischen Evaluationen zu berücksichtigen, die etwa Aussagen zur lernorganisatorischen Struktur, Empfehlungen zur inhaltlichen Schwerpunktsetzung usw., nahelegen. Alle diese Informationen müssen dann in einem Ausbildungsausschuß, der auch mit Ausbildungskandidaten besetzt ist, zusammengetragen, gesichtet und bewertet werden. Die erarbeiteten Details sind dann zur Konzept- und Curriculum-Revision zu nutzen, die im Zeitraum von zwei bis vier Jahren erfolgen sollte.

C. Empirische Evaluationen supervisorischer Didaktik

In diesem Abschnitt sollen nun Evaluationsstudien der soeben beschriebenen Didaktik vorgestellt werden. Sie fanden im Zeitraum von 1987 bis 1992 statt und umfaßten insgesamt 125 Personen. Den Untersuchungen lagen pragmatische und normative Intentionen zugrunde:

(1) Empirische Untersuchungen zur Didaktik dienen vorrangig als Grundlage für eventuelle Curriculum-Revisionen. Sie dienen aber auch dem generellen Nachweis prognostizierter Effekte. Wie sich nämlich dem vorangegangenen Abschnitt direkt oder indirekt entnehmen ließ, müssen für Supervisions-Ausbildungen eine Vielzahl von materiellen wie immateriellen Ressourcen aufgewendet werden. So kann es für die Beteiligten nicht gleichgültig sein, ob die qua Curriculum gewünschten Effekte eintreten oder Modifikationen vorzunehmen sind.

Eine andere, *pragmatische* Intention der empirischen Studie bestand auch darin, einem breiteren Publikum kommunizierbar zu machen, welche speziellen Effekte in welchem Ausmaß durch die beschriebene Didaktik realisiert werden oder nicht.

(2) Die empirische Evaluation von Handlungsmodellen, bzw. ihrer Lehre stellt Forscher prinzipiell vor die Frage, ob sie einen jeweiligen Ansatz mit traditionellen Forschungsintentionen und -strategien „gegenstandsangemessen" genug erfassen können. Diese Frage ist besonders dringlich bei der Evaluation von Modellen, die auf eine explizite Anthropologie gegründet sind. So besteht eine zweite, grundlegende Intention der Untersuchungen darin, Formen von Empirie zu entwickeln, die mit dem zu evaluierenden Ansatz *normativ* kompatibel sind.

Es handelt sich also in mehrfacher Hinsicht um Erkundungsstudien (vgl. SCHREYÖGG 1991b).

Das folgende Kapitel gliedert sich in fünf Teile:

- Im ersten präzisiere ich den Gegenstand des Evaluationsvorhabens. Daran anschließend versuche ich, ein Empirieverständnis zu erarbeiten, das in seinen Zielen und seinen Strategien kompatibel ist mit dem Meta-Modell des zugrundeliegenden Supervisions-Konzeptes. Dieses Empirieverständnis soll aber auch kompatibel sein mit dem didaktischen Ansatz.

- Im zweiten Teil werden die Hypothesen der Untersuchungen nach drei „Hypothesen-Gruppen" geordnet erläutert.

- Im dritten Abschnitt charakterisiere ich die Anlage der Untersuchungen, das Untersuchungsinstrumentarium und den Teilnehmerkreis in seinem jeweiligen situativen Kontext und mit seinen untersuchungsrelevanten Vorerfahrungen.
- Im letzten Abschnitt sollen dann die durchgeführten Untersuchungen im einzelnen diskutiert werden. Die Darstellung ist nach den drei vorab zu formulierenden Hypothesen-Gruppen gegliedert.
- Den Abschluß bilden Empfehlungen für weitere Untersuchungen.

I. Der Untersuchungsgegenstand und das unterlegte Empirieverständnis

Bei „Evaluationen" handelt es sich um empirisches Erfassen menschlicher Veränderungen, d.h. es geht um ihre wissenschaftliche Bewertung (KUGEMANN 1985). Für empirische Untersuchungen, die Effekte soeben beschriebener Didaktik zu ermitteln suchen, sind zunächst zwei Fragestellungen zu klären:

- Welche Veränderungen lassen sich bei Evaluationen von Supervisionsdidaktiken generell untersuchen, und welche sollen hier im speziellen erfaßt werden? Wie ist also der Gegenstand vorliegender Untersuchungen zu präzisieren?
- Sodann ist zu klären, welches Verständnis von Empirie vorliegenden Evaluationen zugrunde liegt. Hier ist Literatur zu Rate zu ziehen, die mit Evaluationen von Handlungsmodellen befaßt ist: das ist psychologische Fachliteratur. Und wie einschlägige Diskussionen in diesem Feld zeigen, muß das einer empirischen Untersuchung zugrundeliegende Empirieverständnis kompatibel sein mit dem zu untersuchenden Gegenstand.

1. Der Untersuchungsgegenstand

In einem ersten Schritt soll der generelle Untersuchungsgegenstand von Evaluationen zur Ausbildungsdidaktik supervisorischer Ansätze umrissen werden, anschließend der für unsere Untersuchungen maßgebliche.

1.1. Der generelle Untersuchungsgegenstand von Evaluationen supervisorischer Didaktik

Evaluationen von Supervisionsdidaktiken müssen auf die Wirkungen gerichtet sein, die Lehrpersonen an Ausbildungskandidaten zu realisieren suchen. Es wäre dann im jeweiligen Supervisionskontext, in dem die Ausbildungskandidaten selber tätig sind, zu ermitteln, ob sie bei ihren Supervisanden im Verlauf der Supervisorenausbildung positivere Wirkungen als zu Beginn der Ausbildung erzeugen.

Ein solches „direktes Vorgehen" beinhaltet eine Reihe von praktischen, ethischen und forschungstechnischen Problemen:

- Direkte Evaluationen könnten aus praktischen bzw. ökonomischen Gründen nur an einer kleinen Anzahl von Supervisionsausbildungskandidaten vorgenommen werden. Die empirische Untersuchung bliebe von Anbeginn auf Auseinandersetzungen mit einigen wenigen „Fällen" beschränkt. Die so nachgewiesenen Effekte wären immer mit dem Odem des Ausnahmsweisen behaftet. Für erste empirische „Suchbewegungen" scheint eine derartige Anlage deshalb kaum geeignet.
- Eine solche Untersuchungsintention würde unter ethischen Gesichtspunkten einen umfassenden Zugriff auf die Arbeitssituation der Ausbildungskandidaten bedeuten. Der Ausbildungszusammenhang würde auf diese Weise eine weit über den ursprünglichen Kontrakt hinausgehende Bedeutung im realen Lebensvollzug der Kandidaten haben. Von derartigen Untersuchungen wären auch die Supervisanden des Kandidaten betroffen und müßten um ihr ausdrückliches Einverständnis gebeten werden. Aber auch die Klienten, Kollegen usw. des Supervisanden, die der Kandidat in seiner Arbeit zu verhandeln hat, wären einer größeren Gefahr von Veröffentlichung ausgesetzt. Im Prinzip müßten auch sie alle um ihr Einverständnis befragt werden. Wegen der vielfältigen Kommunikationsbezüge und ihrer jeweiligen ethischen Implikationen stellt eine direkte Untersuchung also ein sehr aufwendiges Unterfangen dar, das großer Umsicht und zeitaufwendiger Vorbereitungen bedarf.
- Durch Eintritt des Evaluators in den realen Berufsalltag des Ausbildungskandidaten wäre auch eine Ausnahmesituation geschaffen, durch die sich voraussichtlich seine supervisorischen Interaktionen und damit auch die zu beobachtenden Wirkungen modifizieren. Der Ausbildungskandidat bekäme etwa durch Befragungen seiner Interaktionspartner in deren Augen eine neue Bedeutung, würde anders beurteilt als bisher usw. Solche Art empirischer Arbeit würde also das berufliche Dasein des angehenden Supervisors wahrscheinlich schon so gravierend verändern, daß aus einer forschungstechnischen Perspektive verfälschende Ergebnisse zu erwarten sind.

Evaluatoren sind bei derartigen Feldforschungen auch mit einer so großen Vielzahl von Einflußfaktoren auf Supervisor wie Supervisanden konfrontiert, daß sich die Effekte der supervisorischen Arbeit, wie sie durch die Ausbildung erzeugt werden, nur schwer von anderen Einflüssen isolieren ließen.

Aus all diesen Gründen schien es für eine Erkundungsstudie zunächst nicht empfehlenswert, die Effekte der Supervisionsausbildung direkt, also an Entwicklungen der professionellen Interaktionspartner von Ausbildungskandidaten zu ermitteln. In einem ersten Schritt ist es sicher aussichtsreicher, die durch die Ausbildung erwirkten Veränderungen indirekt zu erschließen, nämlich an Veränderungen, die an Ausbildungskandidaten selbst festzustellen sind.

Es wird dann zu untersuchen sein, ob sich die Ausbildungskandidaten verändert haben, d.h. ob sich Merkmale, die auf dem Hintergrund eines jeweiligen Supervisionsansatzes als supervisionsrelevant definiert sind, bei den Ausbildungskandidaten durch die Ausbildung verändert haben.

1.2. Der Untersuchungsgegenstand auf dem Hintergrund Integrativer Supervision und ihrer Didaktik

Wie im einführenden Kapitel ausgeführt, handelt es sich bei dem gelehrten Supervisionskonzept um ein theorie- und methodenplurales Modell. Als in sich konsistenter Ansatz weist es eine deduktiv konzipierte „Wissensstruktur“ (HERZOG 1982, 1984) auf. Ausgehend vom Gegenstandsbereich „Supervision“, so, wie er sich heute in der Praxis darstellt, werden im Sinne des Integrationsparadigmas moderner Psychotherapie (PETZOLD 1993) unterschiedliche Theorien und Methoden zu einem in sich konsistenten Ansatz synthetisiert.

Den Ausgangspunkt der Wissensstruktur bildet ein sogenanntes Meta-Modell, das anthropologische und erkenntnistheoretische Prämissen enthält. Inwieweit nämlich ein supervisionsrelevantes Theorie- oder Methodenkonzept in den Ansatz eingefügt, bzw. „integriert“ werden kann, bestimmt sich nach diesen Prämissen. An ihnen sind auch alle handlungsrelevanten Aspekte ausgerichtet, wie die Zielsetzungen des Modells, seine Rekonstruktionsformen, die unterlegten Wirkungsfaktoren, der Interaktionsstil, sowie die Art der Handhabung unterschiedlicher supervisorischer Situationen.

Entsprechend dieser Modellkonstruktion besteht ein vorrangiges Anliegen der Lehre von Integrativer Supervision darin, dieses Meta-Modell mit seinen wesentlichen Setzungen Supervisionsausbildungskandidaten zu vermitteln. Dies geschieht unter der Prämisse, daß auf diesem Wege auch entsprechende Handlungsmuster aktualisiert werden. Und wie im letzten Kapitel deutlich werden sollte, ist die gesamte Anlage der Didaktik darauf zentriert, Handlungskompetenzen zu übermitteln, die mit dem Meta-Modell kompatibel sind.

Eine empirische Untersuchung hat dann vorrangig zu untersuchen, ob diese „Implantation" des Meta-Modells, als Realisierung professioneller Kompetenzsteigerungen, auch gelungen ist.

Wie ich im ersten Kapitel deutlich machte, handelt es sich bei diesem Meta-Modell um anthropologische und erkenntnistheoretische Setzungen, die an phänomenologische Ansätze angelehnt sind. Sie sollen, was bei solchen Ansätzen besonders deutlich garantiert ist, alle relevanten Aspekte menschlichen Daseins und menschlichen Erkennens abdecken (STRASSER 1962; HERZOG 1982, 1984; GRAUMANN/METRAUX 1977 u.a.).

Die für unsere empirische Untersuchung maßgeblichen Setzungen des Meta-Modells seien im folgenden kurz rekapituliert:

Aus *anthropologischer* Sicht läßt sich der Mensch als einmaliges Leib-Subjekt begreifen, das aber immer durch aktuelle und historische Interaktionen sowie durch soziale Systeme mitbestimmt wird.

So müssen menschliche Zusammenhänge in der Supervision immer mithilfe aller heute relevanten, sozialwissenschaftlichen Paradigmen wahrgenommen werden. Praxisereignisse sind dann jeweils mit individuellen, interaktionalen und systemischen Positionen zu untersuchen.

In *erkenntnistheoretischer* Hinsicht ist jedes Erkennen an das erkennende Subjekt gebunden. Sein sich potentiell lebenslang entwickelnder Erkenntnishorizont gibt ihm immer wieder neue Perspektiven auf die phänomenale Welt frei. Dies geschieht um so eher, als es ihm gelingt, „reflexive Deutungshaltungen" einzunehmen. In der phänomenologischen Literatur (z.B. STRASSER 1962; GRAUMANN 1960) ist das eine möglichst vorurteilsfreie Sicht der Welt.

Eine zentrale Aufgabe von Supervision besteht dann darin, Praxisereignisse mit einer möglichst nicht-typisierenden, also reflexiven Haltung wahrzunehmen.

Wie aber SCHÜTZ (1932) u.a. zeigen, müssen Menschen das ihnen Begegnende immer ausdeuten und kognitiv strukturieren. Das tun sie zum einen auf dem Hintergrund lebensweltlich entwickelter Muster (Konstruktionen 1. Ordnung), das tun sie zum anderen auf dem Hintergrund sozialwissenschaftlicher Theorien (Konstruktionen 2. Ordnung). Qualifiziertes Erkennen setzt nun eine breite Horizontstruktur voraus. Sie resultiert aus der Möglichkeit von Menschen, immer wieder neue Perspektiven der phänomenalen Welt zu gewinnen, was besonders durch Dialoge gefördert wird. Wenn sich nämlich Menschen ihre gegenseitigen Sichtweisen vermitteln, gewinnen sie durch die Perspektivität des jeweiligen anderen auch Erweiterungen ihrer Horizontstruktur.

Auf dem Hintergrund dieser Prämissen läßt sich Supervision als fortlaufender, dialogischer Deutungs- und Strukturierungsprozeß zwischen zwei oder mehr Personen betrachten. Sein Inhalt sind Praxisphänomene. Der Dialog sollte mit einer reflexiven Deutungshaltung geführt werden. In ihm reichern die Partner ihre jeweiligen Perspektiven von Praxisereignissen an, mit dem Ziel, „mehrperspektivische", d.h. multiparadigmatische Sichtweisen zu gewinnen.

Gegenstand vorliegender Untersuchung ist es dann zu ermitteln,

- ob Ausbildungskandidaten durch die Lehre Integrativer Supervision tatsächlich eine *reflexivere Deutungshaltung* entwickeln als zuvor und
- ob sie *mehr Deutungsmuster,* vor allem solche mit einer *breiteren Paradigmatik* als vorher dazugewonnen haben.

2. Das unterlegte „Empirieverständnis"

In diesem Abschnitt soll das der Untersuchung unterlegte Verständnis von empirischer Forschung verdeutlicht werden.

Anhand des einführenden Kapitels wurde deutlich, daß bei der Modellkonstruktion von Integrativer Supervision jeweils versucht wird, Kompatibilität herzustellen zwischen den verschiedenen Teilen des Ansatzes. Dies geschieht zum einen im Hinblick auf den Gegenstand von Supervision, als hochkomplexem lebensweltlichen Phänomen. Dies geschieht zum anderen im Hinblick auf die Prämissen des Meta-Modells. Die Absicht, Kompatibilität herzustellen, dehnten wir aber auch auf die Didaktik des Ansatzes aus. An dieser Stelle wollen wir nun auch Kompatibilität zwischen dem Ansatz bzw. seiner Didaktik einerseits und unserem Forschungsvorhaben andererseits herstellen.

Dabei ist ein Empirieverständnis zu erarbeiten, das mit dem komplexen Gegenstand von Supervision einerseits und den metamodelltheoretischen Prämissen des Ansatzes bzw. seiner Didaktik andererseits korrespondiert.

Die Lehr-Lern-Forschung der Pädagogik richtet sich im wesentlichen an der empirischen Forschungspraxis von Psychologie aus (TERHART 1986). Und in diesem Bereich gilt, trotz vielfältiger kritischer Einwände, immer noch eine naturwissenschaftliche Grundorientierung als offizielles Forschungsdogma (SCHNEEWIND 1977). An diesem wird im allgemeinen die Qualität jeder empirischen Untersuchung gemessen.

Dieses naturwissenschaftlich orientierte Empirieverständnis erweist sich aber als problematisch. Deshalb soll es zunächst in wesentlichen Punkten umrissen und daran anschließend sollen die für unsere Untersuchung maßgeblichen Modifikationen in den Forschungsintentionen und -strategien erläutert werden.

2.1. *Das naturwissenschaftlich orientierte Empirieverständnis der Psychologie*

Das Empirieverständnis der Psychologie, an dem nun auch die Lehr-Lern-Forschung der Pädagogik orientiert war (TERHART 1986), ist seit den 50er Jahren weithin an der experimentellen Laborforschung ausgerichtet (LÖSEL 1985).

Bei dieser geht es in der Regel um Grundlagenforschung, die am Modell naturwissenschaftlicher Forschungspraxis in Physik und Biologie orientiert ist. Sie resultiert aus einer Tradition, die bis auf die psycho-physischen Untersuchungen von WUNDT (1903) zurückreicht. Experimente „dienen dem Zweck, Hypothesen darüber zu testen, was unter verschiedenen Bedingungen passiert" (KRECH et al. 1985, 21).

Ein essentielles Merkmal von Experimenten besteht darin, bestimmte Vorgänge absichtlich und planmäßig zum Zwecke der

Beobachtung auszulösen (TRAXEL 1964). Es sind dann Beeinflussungsvariable zu bestimmen, zu manipulieren und zu variieren, sodann ist zu untersuchen, welche Effekte sich unter dem Einfluß der einen wie der anderen Bedingungsvariablen einstellen. Solche Anforderung schließt ein, daß Experimente durch bestimmte Bedingungen variierbar und damit auch wiederholbar sind (ebenda).

Die Gesamtzahl von Probanden wird nach dem Zufallsprinzip einer sogenannten Experimental- und einer „Kontrollgruppe" zugeordnet. Die Experimentalgruppe wird den vorab formulierten, besonderen Bedingungen ausgesetzt, die Kontrollgruppe nicht. Die zwischen beiden Gruppen auftretenden Unterschiede sind dann empirisch zu ermitteln.

Das Ziel eines Experiments besteht darin, theoretische Vorhersagen zu testen, also zu prognostizieren, unter welchen spezifischen Bedingungen bestimmte Ereignisse eintreten werden. Wenn sich die qua Theorie vorformulierten Voraussetzungen als unrichtig erweisen, muß die Theorie aufgegeben oder revidiert werden.

Zur Entscheidung für oder gegen den Wahrheitsgehalt einer getesteten Voraussage muß aus der bisherigen, noch nicht empirisch getesteten Theorie eine Hypothese formuliert werden. Entsprechend positivistischer Wissenschaftstheorie, die ebenfalls an einem naturwissenschaftlichen Empirieverständnis orientiert ist, kann aber eine Hypothese nie „verifiziert", sondern nur „falsifiziert" werden (POPPER 1969). So hat es sich auch in der empirischen Psychologie durchgesetzt, Hypothesen als sogenannte Null-Hypothesen zu formulieren. Der zu erwartende, d.h. durch die Hypothese zu beschreibende Effekt ist dann in seiner Negation zu explizieren.

Die Testung von Hypothesen sollte mit einem Untersuchungsinventarium vorgenommen werden, das vorab strengen Prüfungen unterzogen wurde. Hierbei ist besonders relevant, ob es in unterschiedlichen Situationen überdauernde Effekte zu messen vermag (Reliabilität) und ob es das Merkmal, was es zu messen vorgibt, auch tatsächlich mißt (Validität) (TRAXEL 1964).

2.2. *Modifikationen des konventionellen Empirieverständnisses*

Das bis heute dominierende Empirieverständnis der Psychologie blieb nicht unwidersprochen. Es wurde vor allem immer wieder im Hinblick auf seine Gegenstandsangemessenheit kritisiert (LÖSEL 1985). Auf dem Hintergrund anthropologischer Kritik forderten viele Autoren alternative Forschungsintentionen. Und besonders auf dem Hintergrund pragmatisch begründeter Kritik wurden alternative Forschungsstrategien vorgeschlagen.

Zur Beschreibung alternativer Forschungsintentionen wollen wir Autoren heranziehen, die entsprechend unserem Meta-Modell phänomenologisch orientiert sind. Zur Beschreibung alternativer Forschungsstrategien orientieren wir uns an solchen, die praktische Vorschläge zur Untersuchung komplexer lebensweltlicher Zusammenhänge erarbeitet haben.

2.2.1. Modifikationen der Forschungsintentionen

Eine große Zahl von Autoren setzte sich mit den Intentionen naturwissenschaftlich verstandener Forschung in der Psychologie kritisch auseinander. Dies erfolgte vor allem auf dem Hintergrund anthropologischer Perspektiven und führte zur Entwicklung alternativer Forschungsintentionen.

Gerade Autoren, die im Anschluß an HUSSERL „phänomenologisch orientiert" (GRAUMANN/METRAUX 1977) sind, argumentieren, daß durch das naturwissenschaftliche Empirieverständnis ein umfassender „Reduktionismus" befördert wurde. Dies gelte einerseits für die Gegenstandsbestimmung von Psychologie und andererseits, noch grundsätzlicher, für das Verständnis menschlichen Daseins.

STRASSER (1962), GRAUMANN/METRAUX (1977), HERZOG (1984) u.a. behaupten, daß durch die methodischen Anforderungen traditioneller psychologischer Forschung eine Reduktion auf eher unbedeutende menschliche Funktionen befördert wurde. Es handle sich dabei um eine „Verwechslung des methodisch Veranstalteten mit der Sache selbst" (ADORNO 1971, 211). Diese Autoren behaupten, daß aus methodentheoretischen Gründen in der Psychologie lange Zeit nur solche Gegenstandsbereiche untersucht wurden, die sich mit Hilfe des traditionellen Methodenverständnisses auch erfassen ließen.

Die Methodik bildete dann ein „Zulassungskriterium" für die Bestimmung des psychologischen Gegenstandes (GRAUMANN/METRAUX 1977, 31).

Das naturwissenschaftliche Verständnis psychologischer Forschung mit seinem Postulat der Wiederholbarkeit usw. reduziert, aus Sicht der Autoren, aber auch den untersuchten Menschen. Auf dem Hintergrund des Reiz-Reaktions-Modells werde er auf die Stufe eines funktionierenden Objektes gestellt. Phänomene individueller Willensbildung oder die subjektive Erfahrung, als wesentliche menschliche Konstituente, seien in dieses Forschungsschema nicht integrierbar. Naturwissenschaftlich verstandene Empirie beraube den Menschen seiner Subjekthaftigkeit (ebenda).

Darüber hinaus begreife so verstandene psychologische Forschung den Menschen letztendlich als „homo clausus", der wohl von einzelnen, isolierbaren Variablen beeinflußt wird, der aber nicht als Teil eines komplexen lebensweltlichen Zusammenhanges in den Blick kommt (HERZOG 1984).

Diese anthropologisch fundierte Kritik phänomenologisch orientierter Autoren führt nun aber nicht zur pauschalen Ablehnung empirischer Forschung. Die Autoren fordern lediglich, daß sie ihren objektivierenden und lebensfernen Charakter aufgeben soll. Dementsprechend entfalten sie alternative Intentionen für die empirische Forschung, die sich auf folgende programmatische Forderungen zentrieren:

a. Empirie ist konsequent am Menschen, als Körper-Seele-Geist-Subjekt zu orientieren,
b. sie muß ein genuin humanwissenschaftliches Verständnis von menschlicher Welterfahrung und von Theorie unterlegen und
c. sie soll den Menschen in seiner Lebenswelt bzw. in seinem Bezug zu ihr untersuchen.

ad a.

Zentraler Forschungsgegenstand der Psychologie ist der Mensch. Damit unterscheidet sich ihr Gegenstand grundsätzlich von dem der Naturwissenschaften. Es muß dann der Mensch mit allen seinen Möglichkeiten in die Forschung einbezogen werden (LINSCHOTEN 1961, STRASSER 1962 u.a.). Das bedeutet, er ist als Körper-

Seele-Geist-Subjekt zu erfassen und damit auch die intentionale Ebene menschlichen Daseins.

ad b.

Die qua Empirie zu bildenden Theorien können dann auch nicht losgelöst vom Menschen und seinem lebensweltlichen Zusammenhang generiert werden (GRAUMANN/METRAUX 1977). Im Anschluß an SCHÜTZ (1932) müssen sozialwissenschaftliche Theorien als „Konstruktionen zweiter Ordnung" begriffen werden, d.h. als kognitive Strukturierungsmuster, die auf „Konstruktionen erster Ordnung" aufruhen. Als „Konstruktionen erster Ordnung" bezeichnete SCHÜTZ alltägliche Typisierungsmuster, mit denen Menschen sich und ihre Welt normalerweise erfassen. Empirie und die durch sie zu bildende Theorie hat dann auch von diesen alltäglichen Mustern auszugehen.

ad c.

Eine zentrale Aufgabe empirischer Forschung der Psychologie ist es dann zu untersuchen, wie das jeweilige Leib-Subjekt auf dem Hintergrund seiner historisch gebildeten Horizontstruktur mit seinem aktuellen Kontext in Beziehung tritt. Diese Person-Umwelt-Relation konkretisiert sich aber nur in Situationen. Eine „Situation" muß dann auch das Bezugssystem für jede phänomenologisch orientierte Forschung bilden. Eine wichtige Intention für Experimente ist hierbei, das möglichst voraussetzungslose, also deskriptive Erfassen solcher Situationen (HERRMANN 1962) zu gewährleisten. Die Aufgabe empirischer Forschung besteht aus der Sicht phänomenologisch orientierter Autoren generell darin, das je spezifische Situationsverständnis von Menschen zu erfassen und zu strukturieren (LOCKOWANDT 1982).

So verstandene psychologische Forschung wird sich also nicht mit einer x-beliebigen Innenschau befassen, sondern Theorien zu bilden suchen, die Aussagen machen über die „Horizontstruktur" (GRAUMANN 1960) von Menschen. Dabei geht es dann um Empirie, die veränderte Sichtweisen von Menschen in einem je gegebenen, lebensweltlichen Kontext untersucht. Erst auf diese Weise wird das reflexive Bewußtsein erfaßt.

Solche Intentionen zu verfolgen, also den Menschen nicht zu objektivieren, bedeutet für einschlägige Autoren nicht Aufgabe jedweden Objektivitätsanspruches.

Zur Frage, mit welcher Erkenntnishaltung eine solche Forschung, bzw. empirische Evaluation zu realisieren ist, nimmt etwa APEL (1973) auch wieder Anleihe bei phänomenologischen Positionen. Es müsse dem Forscher, der genuin humane Intentionen verfolgt, wie etwa dem phänomenologisch orientierten Psychotherapeuten, daran gelegen sein, die Deutungswelt des Klienten intersubjektiv zu erfassen, um sie dann, aus einer exzentrischen Position zu diesem Klienten / Beforschten, auf dem Hintergrund eines rational begründeten Sinnsystems zu reflektieren.

2.2.2. Modifikationen der Forschungsstrategien

Vorbehalte gegenüber naturwissenschaftlich orientierten Forschungsperspektiven melden auch Autoren an, die sich laufend mit der Erforschung komplexer lebensweltlicher Zusammenhänge befassen. Die in der traditionellen, psychologischen Forschung implizierten Forschungsstrategien seien unter pragmatischen Gesichtspunkten nicht geeignet, so vielfältige Phänomenkonstellationen, wie sie etwa bei der Evaluation agogischer Handlungsmodelle vorliegen, abzudecken (KUGEMANN 1985).

Das heute die wissenschaftliche Psychologie dominierende Empirieverständnis sei ursprünglich an „technologisch" verstandener Grundlagenforschung, und nicht an praxeologischen Anwendungsfällen orientiert. So könnten bei Verwendung solcher Forschungsstrategien auch nicht komplexe lebensweltliche Phänomene eingefangen und in ihrer Veränderung erfaßt werden. Das einer empirischen Untersuchung unterlegte Verständnis, und die sich daraus ergebenden Forschungsstrategien, sollten aber in diesem pragmatischen Verständnis kompatibel sein mit dem zu untersuchenden Gegenstand.

Überdies zeigt KUGEMANN auf dem Hintergrund von Beispielen aus der Psychologiegeschichte, daß die heute aus naturwissenschaftlicher Sicht an Experimentatoren oft gestellten Anforderungen gerade von so prominenten Autoren wie HELMHOLTZ oder WERTHEIMER, je nach dem zu untersuchenden Gegenstand, variiert wurden. Und wie LÖSEL (1985) vermutet, scheint es sich bei dem naturwissenschaftlichen Forschungsparadigma, bzw. den damit einhergehenden Anforderungen an Forscher, ohnedies eher um ein offiziell propagiertes Dogma zu handeln als um die Abbildung realer Forschungspraxis.

KUGEMANN schlägt deshalb vor, die Forschungsstrategien für die Evaluation didaktischer oder anderer agogischer Maßnahmen neu zu überdenken. Hier seien traditionelle Anforderungen der Planmäßigkeit, Variierbarkeit und Wiederholbarkeit, der Verwendung von Kontrollgruppen, die Formulierung von Null-Hypothesen usw. auf gegenstandsangemessene Weise zu modifizieren.

Die Alternative sei eine empirische Vorgehensweise, die stärker auf theoretische Voranahmen rekuriert, die beobachtbare Phänomene außerhalb des Labors als Grundlage für die Verallgemeinerung empirischer Befunde heranzieht und die neben dem Messen auch der qualitativen Analyse und der Deskription eine gewichtige Rolle zuerkennt. Besonders relevant werde dann die Situationsanalyse des Forschungszusammenhanges.

Als praktisches Vorgehen schlägt KUGEMANN, auf der Folie naturwissenschaftlich verstandener Forschungsstrategien, folgende Modifikationen vor:

- Das Postulat von Planmäßigkeit sollte für Evaluationen übernommen werden, da es ja auch hier um die systematische Feststellung von Veränderungen geht.
- Das Prinzip der Wiederholbarkeit läßt sich allerdings meistens nicht einlösen, weil Evaluationsuntersuchungen oft komplexe lebensweltliche Zusammenhänge in einem spezifischen historischen und gesellschaftlichen Kontext betreffen, die sich in dieser Form gar nicht mehr reproduzieren lassen.
- Auch das Prinzip der Variierbarkeit ist für Evaluationsuntersuchungen im allgemeinen kaum relevant. Es diente historisch dazu, allgemeingültige, d.h. nomothetische Thesen zu testen. Die entsprechenden Untersuchungen basierten dann auf einem eng umschriebenen forschungstechnischen Hintergrund, der leicht variiert werden konnte. Reale Lebenskontexte von Menschen lassen sich aber nur selten planmäßig variieren. Bei Evaluationsuntersuchungen geht es darum, zu entscheiden, ob eine bestimmte Maßnahme in einem je gegebenen Kontext zeitlicher und gesellschaftlicher Art Veränderungen bewirkt. Es handelt sich also nicht um Untersuchungen mit dem Ziel, nomothetische Aussagen zu generieren, sondern es geht um „ideographische" (WINDELBAND 1894, zit. nach KUGEMANN 1985) Untersuchungen. Sie ähneln letztlich einem individual-diagnostischen

Vorhaben (GASCH 1982). So kann auch keine beliebige Variierbarkeit gegeben sein.

- Diese ideographische Intention fordert dann allerdings sorgfältige Beobachtung und Beschreibung der je einmaligen Kombination von Bedingungen heraus, d.h. in solchen nicht-variierbaren Forschungssettings besteht umfassende Dokumentationspflicht, wenn das Prinzip der Planmäßigkeit erhalten bleiben soll.

- Die randomisierte Zuordnung von Versuchs- und Kontrollgruppen ist bei Evaluationen, die Phänomene komplexer Lebenswirklichkeit betreffen, in ihrer klassischen Form auch nicht möglich. Die zu untersuchende Maßnahme hat für den Lebensvollzug der Teilnehmer in der Regel beträchtliche Konsequenzen. So kann es auch nicht der Beliebigkeit des Evaluators anheim gestellt sein, ob sie an einer Maßnahme teilnehmen können oder nicht. Die Vergleichbarkeit muß dann immer durch Hilfskonstruktionen hergestellt, bzw. die fehlende Kontrollgruppe muß durch andere Maßnahmen, die einen Vergleich gestatten, kompensiert werden.

- Bei der Formulierung von Nullhypothesen ging es, im traditionellen Verständnis, um die Frage, ob eine bestimmte Maßnahme überhaupt Effekte hat. Bei Evaluationen geht es dagegen um das Erfassen spezifischer Wirkungen und das Ausmaß von Wirkungen. Maßnahmen, wie Psychotherapie u.a. haben als Interaktionsprozesse immer Effekte. Bei Evaluationen ist aber zu untersuchen, welcher Art die Effekte sind. Und bei der Ermittlung qualitativer Effekte ist die Nullhypothese wenig relevant, weil sie ja nur geeignet ist, „Entweder-Oder-Aussagen" zu testen.

  Bei qualitativen Untersuchungen werden regelmäßig „Variablen-Konglomerate" variiert, dementsprechend ist für Evaluationen von Handlungsprozessen bedeutsam, daß nicht nur eine einzige Hypothese formuliert wird, sondern ein „Hypothesen-Konglomerat" (KUGEMANN 1985, 112).

- Da es sich bei Evaluationen komplexer lebensweltlicher Zusammenhänge in der Regel um die Untersuchung einmaliger und oft auch hochspezifischer situativer Konstellationen handelt, kann auch das Instrumentarium kaum je extrem hohe Grade von Reliabilität aufweisen. Es ist allerdings zu fordern, daß die Instrumente eine gewisse face-validity enthalten. Sie sollten also in für jedermann nachvollziehbarer Weise geeignet wirken, das zu untersuchende Merkmal zu erfassen.

2.3. *Thesen zu einem gegenstandsangemessenen Empirieverständnis*

Hier sind nun Thesen für eine gegenstandsangemessene Sicht von Empirie zu formulieren, die für vorliegende Evaluationsversuche maßgeblich sein sollen. Den Ausgangspunkt bildet die soeben formulierte Gegenstandsbestimmung. Entsprechend dieser sollen, auf dem Hintergrund vorangegangener Überlegungen,

a. die Intentionen und
b. die Vorgehensweise

unserer Evaluationsstudien umrissen werden.

Der Gegenstand der Untersuchung besteht in der Feststellung von praxisrelevanten Merkmalsveränderungen bei Supervisionsausbildungskandidaten, die sie im Verlauf des Ausbildungsprozesses entfalten.

Als „praxisrelevante Merkmale" sind Deutungsmuster und -haltungen zu untersuchen, mit denen Kandidaten für Supervision Praxiskontexte erfassen, bzw. ihnen begegnen.

Da es sich bei unserem Ansatz um einen phänomenologisch orientierten handelt, wollen wir, im Sinne anthropologischer Kompatibilität, bei der Bildung unserer Untersuchungsintentionen auf die in der phänomenologisch orientierten Psychologie entwickelten Intentionen zurückgreifen. Und da es sich bei Supervisionsausbildungen, bzw. ihren Wirkungen, um komplexe lebensweltliche Phänomene handelt, können wir auf Vorschläge zum praktischen Vorgehen zurückgreifen, wie sie für Evaluationen komplexer lebensweltlicher Zusammenhänge gemacht wurden.

ad a. Thesen zu den Untersuchungsintentionen

- Entsprechend den Ausführungen von GRAUMANN/ METRAUX (1977) sind die Teilnehmer der Untersuchung grundsätzlich als Leib-Subjekte zu begreifen. So sollen keine reduktionistischen Versuchsanordnungen „aufgebaut" oder objektivierende Testverfahren angewendet werden. Es sind vielmehr intentionale Phänomene der Kandidaten zu erfassen.

- Als „intentionale Phänomene“ wollen wir einerseits Veränderungen der Deutungshaltungen untersuchen, mit denen Kandidaten praktischen Zusammenhängen begegnen. Wir wollen andererseits Veränderungen ihrer Deutungsmuster betrachten, mit denen sie praktische Zusammenhänge strukturieren. Hierbei sollen einerseits Veränderungen von „Konstruktionen erster Ordnung“, also Alltagsmuster, und andererseits die Veränderung von „Konstruktionen zweiter Ordnung“, also Theorie-Verwendungen, ermittelt werden.

- Wir werden dabei, soweit immer möglich und rekonstruierbar, Veränderungen dieser intentionalen Phänomene in Beziehung setzen zu den für die Untersuchung relevanten Vorerfahrungen der Evaluationsteilnehmer, also zu ihrer Horizontstruktur. Wir werden andererseits darauf bedacht sein, ihr aktuelles Situationsverständnis, im Sinne eines reflexiven Bewußtseins, zu erfassen und zu strukturieren.

- Die zu untersuchenden Veränderungen sollen einerseits auf dem Wege intersubjektiven Nachvollziehens, andererseits aus einer exzentrischen Position systematisiert werden.

ad b. Thesen zu den Untersuchungsstrategien
Diese Ziele wollen wir durch ein praktisches Vorgehen realisieren, wie es KUGEMANN (1985) für die Evaluation komplexer lebensweltlicher Zusammenhänge als gegenstandsangemessen charakterisiert hat.

- Dabei ist, soweit immer möglich, planmäßig zu ermitteln, wie sich intentionale Phänomene der Kandidaten im Verlauf von Ausbildungsprozessen verändern, d.h. wir präsentieren Erhebungen, die zu geplanten Zeitpunkten in bestimmten, angebbaren Kontexten erfolgten.

- Wir werden uns dann einerseits auf quantitative, andererseits auf qualitative Betrachtungen beziehen. Dabei bedürfen allerdings auch die quantitativen oft einer vorhergehenden Ausdeutung. Die Art der Ausdeutung, bzw. Auswertung, soll jeweils so transparent wie möglich gemacht und an Beispielen verdeutlicht werden.

- Eine Kontrollgruppe im klassischen Verständnis zu verwenden, wäre für vorliegende Untersuchung kaum realisierbar und relevant. Wir werden aber in Teilen unserer Untersuchung „kontrollgruppen-ähnliche" Vergleichbarkeit herstellen, indem Daten von Untersuchungen zu verschiedenen Zeiten an jeweils einer Gruppe verglichen oder die Daten vergleichbarer Ausbildungsstadien verglichen werden.

- Dies erfordert, die jeweiligen Situationen, bzw. die Untersuchungskontexte, so differenziert wie möglich in ihren relevanten Bedingungen zu charakterisieren.
- Entsprechend der Komplexität äußerer Bedingungen, aber auch des Untersuchungsgegenstandes, werden wir für unsere Untersuchung auch „Hypothesen-Konglomerate" formulieren, die nach verschiedenen „Hypothesen-Gruppen" gegliedert sind.
- Das Untersuchungsinstrumentarium ist, soweit überhaupt möglich, „reliabel" zu gestalten und mit einer für alle Teilnehmer angemessen „sinnfälligen" face-validity auszustatten.

II. Die Untersuchungshypothesen

Nach Erläuterungen zum konzeptionellen Rahmens sollen die Hypothesen im einzelnen formuliert werden.

1. Der konzeptionelle Rahmen der Hypothesen

Ausgangspunkt für die Hypothesen ist die Bestimmung des Gegenstandes der empirischen Untersuchungen, so wie sie im vorangegangenen Abschnitt dargestellt wurde: Die Untersuchungsintentionen sind an die phänomenologisch orientierte Psychologie angelehnt, und die formale Orientierung resultiert aus den soeben beschriebenen Anregungen für die Evaluation komplexer lebensweltlicher Zusammenhänge.

Als *Gegenstand* hatten wir die durch Lehre unseres Ansatzes bei den Supervisionsausbildungskandidaten erwirkte Veränderung von (1) Deutungsmustern und (2)-haltungen definiert. Im Anschluß an *Zielsetzungen* der phänomenologisch orientierten Psychologie (GRAUMANN/METRAUX 1977), werden wir also Hypothesen bilden zu Veränderungen intentionaler Phänomene der Kandidaten.

ad (1) Entsprechend ihren unterschiedlichen Vorerfahrungen, also ihrer jeweiligen Horizontstruktur, sollen Veränderungen ihrer Deutungsmuster erster Ordnung, d.h. lebensweltliche Muster, verhandelt werden, mit denen sie praktische Zusammenhänge erfassen. Wir werden aber auch Veränderungen ihrer Konstruktionen zweiter Ordnung, also Theorien, mit denen sie als professionell Handelnde praktische Situationen ausdeuten, betrachten.

Hier ist zu untersuchen, ob und inwieweit sich ihre Deutungsmuster im Verlauf der Ausbildung,

- *erweitert* und
- *umstrukturiert* haben.

ad (2) Außerdem sollen Veränderungen der Haltung von Kandidaten, auf deren Hintergrund sie deuten, als veränderte „Deutungshaltung" nachgewiesen werden. Wir werden dabei Deutungshaltungen der Kandidaten auf zwei Ebenen thematisieren:

- als Deutungshaltung, so wie sie sich in ihrem subjektiv geäußerten Bezug zum eigenen beruflichen Kontext manifestiert, und
- als Deutungshaltung, mit der sie neuen praktischen Zusammenhängen begegnen.

Formal folgen wir den Anregungen von KUGEMANN (1985) zur Evaluation komplexer lebensweltlicher Zusammenhänge. Es sollen also, entsprechend den dortigen Vorschlägen, „Hypothesen-Konglomerate", bzw. -Gruppen gebildet und die Hypothesen in einer verifikations-orientierten Variante formuliert werden.

2. Die einzelnen Hypothesen-Gruppen

Im folgenden präsentieren wir drei Hypothesen-Gruppen, A bis C:

- Die erste bezieht sich auf Veränderungen der Deutungshaltung von Ausbildungskandidaten für Supervision, so wie sie sich in der subjektiv geäußerten Relation zum eigenen beruflichen Kontext manifestiert.
- Die zweite Hypothesengruppe kreist um Erweiterungen und Umstrukturierungen von Deutungsmustern, mit denen sie ihnen neu begegnende, berufliche Zusammenhänge erfassen. Außerdem sucht diese Hypothesen-Gruppe Veränderungen von Deutungshaltungen zu prognostizieren, mit der sie neuen Praxissituationen begegnen.
- Inhalt der dritten Hypothesengruppe ist eine Experten-Evaluation. Hierbei soll ermittelt werden, ob und wie für Experten mit unterschiedlicher „Horizontstruktur" die in der zweiten Hypothesen-Gruppe postulierten Veränderungen der Deutungsmuster und -haltungen von Ausbildungskandidaten wahrnehmbar sind und wie sie von ihnen bewertet werden.

2.1. Hypothesen-Gruppe A

Die erste Hypothesen-Gruppe bezieht sich also auf Veränderungen der Deutungshaltung von Kandidaten, die sie im Verlauf des Ausbildungsprozesses in ihrem Bezug zur eigenen Praxis zum Ausdruck bringen.

In diese Hypothesen-Gruppe gingen folgende Überlegungen ein:

- Das Ziel jeder Supervisorenausbildung muß darin bestehen, die Selbstdefinition der Kandidaten als „handlungssicher" und „kompetent" zu stärken. So müßte sich im Verlauf eines Ausbildungsprozesses die Selbstdefinition der Kandidaten, „handlungssicher" und „kompetent" zu sein, im allgemeinen deutlicher ausprägen als zu Beginn.
- Eine Intention unseres Ansatzes besteht aber auch darin, die Entwicklung positiver Selbstdefinitionen mit realistischen Selbsteinschätzungen des eigenen Vermögens / Unvermögens zu verkoppeln. Denn der Erhalt innerer Toleranz gegenüber dem eigenen Unvermögen, im Zusammenhang mit den oben beschriebenen Verbesserungen, ist für unseren Ansatz von besonderer Bedeutung. Auf dem Hintergrund phänomenologischer Erkenntnishaltungen werten wir nämlich diese Kombination als Ausdruck einer „konstruktiven", aber auch „reflexiven Deutungshaltung". Nur wenn diese innere Toleranz eigener „Fehlerhaftigkeit" erhalten bleibt, ist der Kandidat gefeit gegen voreilig und verkürzt gebildete Deutungen und daraus resultierende „kopflose" Handlungen. Insofern spricht diese Hypothesen-Gruppe eine zentrale Ausbildungsintention der Didaktik an.
- So müßte also trotz verbesserter, professioneller Selbstdefinitionen eine innere Toleranz erhalten bleiben, daß es unmöglich ist, in allen Praxissituationen über sofortige Deutungs- und Handlungssicherheit zu verfügen.
- Im Verlauf einer Ausbildung, bei der es um Veränderungen von Deutungs- und Handlungsmustern geht, muß auch eine kritische Distanz zu eigenen Handlungen entwickelt werden. Diese wird sich aller Voraussicht nach in den ersten Stadien der Ausbildung besonders bemerkbar machen, so daß die Kandidaten manche ihrer Aktionen nachträglich als „unangemessen" bezeichnen werden.
- Das Verhältnis zur eigenen Praxis kann aber nicht losgelöst vom jeweiligen beruflichen Hintergrund gesehen werden. So ist zu vermuten, daß Ausbildungskandidaten für Supervision, je nach ihrer Vor-, Zusatzausbildung und ihrem beruflichen Feld, die sichernden / verunsichernden Effekte einer Supervisorenausbildung unterschiedlich erleben werden, bzw. zum Ausdruck bringen.

Zur Überprüfung dieser beschriebenen Effekte dienen folgende Hypothesen a-e:

a. Im Verlauf von Ausbildungsprozessen nimmt die Selbstdefinition globaler Handlungssicherheit bei Kandidaten zu, d.h. sie definieren sich zunehmend als jemand, der „weiß, was er tun soll".

b. Im Verlauf von Ausbildungsprozessen nimmt die Selbstdefinition globaler Kompetenz von Kandidaten zu, d.h. sie definieren sich zunehmend als „kompetent".

c. Der globale Eindruck zunehmender Handlungssicherheit und Kompetenz muß, im Sinne einer realistischen Selbsteinschätzung, aber einhergehen mit dem Eingeständnis, daß nicht immer sofortige Handlungssicherheit und theoretisch fundierte Deutungssicherheit besteht. Das Eingeständnis solcher Aspekte müßte also im Verlauf des Ausbildungsprozesses immer in mittleren Graden erhalten bleiben.

d. In Anfangsstadien des Ausbildungsprozesses wird eine mehr oder weniger intensive Verunsicherung der Wahrnehmung eintreten, d.h. die Kandidaten geben an, daß sie manches „nachträglich anders beurteilen als vorher".

e. Die in den Hypothesen a.-d. prognostizierten Effekte werden allerdings je nach der Horizontstruktur der Kandidaten variieren. So prägen sie sich voraussichtlich entsprechend den Vor-, Zusatzausbildungen und dem Berufsfeld der Kandidaten unterschiedlich stark aus.

2.2. *Hypothesen-Gruppe B*

Mit dieser Hypothesengruppe sollen Veränderungen der Deutungshaltungen und -muster prognostiziert werden, mit denen Kandidaten im Verlauf des Ausbildungsprozesses neue Praxissituationen erfassen.

In diese Hypothesen-Gruppe gehen folgende Überlegungen ein:

- Wie schon in Hypothesen-Gruppe A formuliert, besteht ein zentrales Ziel der Didaktik darin, den Kandidaten reflexive Erkenntnishaltungen bei der Ausdeutung neuer Praxissituationen zu vermitteln. Als „reflexive Deutungshaltung" gegenüber neuen Praxissituationen betrachten wir solche, bei der keine groben Typisierungen erkennbar sind, sondern Situationen erst umfassend erkundet werden, um sie dann in systematisierter Form auszudeuten.

So ist also hier zu ermitteln, ob Kandidaten im Verlauf des Ausbildungsprozesses eine solche reflexive Deutungshaltung gegenüber neuen Praxissituationen erworben haben.

- Im Verlauf der vorangegangenen Kapitel hatten wir mehrfach betont, daß eine besondere Intention des Ansatzes und seiner Didaktik darin besteht, die Deutungsmuster von Kandidaten, mit denen sie praktische Situationen erfassen, zu erweitern und umzustrukturieren.

Als „Erweiterung von Mustern" betrachten wir eine generelle Vergrößerung des Repertoires an Mustern zur Ausdeutung praktischer Situationen. Das können Alltagsmuster, das können aber auch solche theoretischer Art sein. Als besonders bedeutsame Muster zur erweiternden Strukturierung praktischer Situationen hatten wir, auf der Theorie-Ebene, theoretische Muster, also im Sinne von SCHÜTZ (1932) „Konstruktionen zweiter Ordnung", betrachtet.

So werden wir also zu ermitteln suchen, ob sich im Verlauf der Ausbildung die Anzahl an Mustern generell erhöht und die theoretischen im speziellen.

Als „Umstrukturierung" betrachten wir Ausdeutungen, bei denen Ausbildungskandidaten für ein- und dieselbe Situation andere Muster aus ihrem Repertoire als bisher verwenden. Als Ideal hatten wir hierbei postuliert, daß praktische Situationen mehrperspektivisch erfaßt, also auf unterschiedlichen paradigmatischen Ebenen ausgedeutet werden. So ist zu untersuchen, ob sich im Verlauf der Ausbildung Umstrukturierungen der Muster, im Sinne einer multiparadigmatischen Haltung, ergeben, mit denen Kandidaten praktische Situationen ausdeuten.

- Daneben hatten wir im Verlauf unserer Modelldarstellung angesprochen, daß Personen je nach ihrer Horizontstruktur, d.h. den in ihrem Umfeld üblichen Strukturierungsmustern, praktische Situationen ausdeuten und eventuell an diesen üblicherweise verwendeten Mustern verharren. In diesem Zusammenhang läßt sich postulieren, daß Psychotherapeuten deutlicher als andere

Personengruppen auf die Bildung individualisierender Hypothesen fixiert sind.

So wollen wir erkunden, ob Psychotherapeuten-Supervisoren im Verlauf von Ausbildungsprozessen aus ihrer bisherigen, individualisierten Horizontstruktur zu lösen sind, oder ob sie auch weiterhin an diese gebunden bleiben.

Hier sind folgende Hypothesen, a-g, maßgeblich:

a. Im Verlauf von Ausbildungsprozessen reduzieren sich grobe Kategorisierungen, mit denen Kandidaten Praxissituationen ausdeuten.
b. Im Verlauf von Ausbildungsprozessen entwickeln Kandidaten zunehmend das Bedürfnis, genauere und umfassendere Informationen zur Hypothesenbildung einzuholen.
c. Im Verlauf von Ausbildungsprozessen läßt sich bei der Bildung von Hypothesen, mit denen Kandidaten praktische Situationen erfassen, die Tendenz beobachten, daß die eigenen Deutungsmuster zunehmend systematisiert werden.
d. Im Verlauf von Ausbildungsprozessen erhöht sich die Anzahl von hypothetischen Mustern, die zur Ausdeutung von Praxissituationen verwendet werden.
e. Bei der Hypothesenbildung zur Ausdeutung praktischer Situationen treten neben Konstruktionen erster Ordnung, also alltagsweltlichen Mustern, zunehmend solche zweiter Ordnung, also Theorien hinzu.
f. Im Verlauf von Ausbildungsprozessen steigt bei Ausdeutungen von Praxissituationen zunehmend die Mehrperspektivität an, d.h. es werden bei der Hypothesenbildung zunehmend Deutungsmuster verwendet, die auf unterschiedlichen paradigmatischen Ebenen angesiedelt sind.
g. Kandidaten mit Therapeutenvorbildung verharren auch im Verlauf eines Supervisions-Ausbildungsprozesses deutlicher an individualisierenden Hypothesenbildungen als solche ohne therapeutische Vorbildung.

2.3. *Hypothesen-Gruppe C*

Inhalt der dritten Hypothesen-Gruppe ist die Frage, ob und wie von „Experten“ mit unterschiedlicher Horizontstruktur die zur zweiten

Hypothesengruppe postulierten Veränderungen der Deutungsmuster und -haltungen von Ausbildungskandidaten wahrgenommen werden.

Die Überlegungen zu dieser Hypothesengruppe waren folgende:

- Da die Ermittlung veränderter Deutungsmuster und -haltungen zu einem Teil nur durch Ausdeutungen von Evaluatoren zu bewerkstelligen sind, schien es sinnvoll, zu überprüfen, ob auch „Experten", also zur Beurteilung kompetente Personen, die hypostasierten Effekte bestätigen können oder nicht.
- Die von der Evaluatorin beobachteten Effekte wirkten so evident, daß sich annehmen ließ, Experten mit unterschiedlicher Vor- und Zusatzausbildung würden ebenfalls Veränderungen der Deutungsmuster und -haltungen von Kandidaten erkennen.
- Da aber die von uns hypostasierten Effekte sehr spezifischer Art, bzw. unmittelbar mit unserem phänomenologisch orientierten Meta-Modell verbunden sind, war anzunehmen, daß Experten mit einer „konzept-konformen" Horizontstruktur die hypostasierten Effekte umfassender wahrnehmen können und auch positiver bewerten, als solche, die qua Fort- bzw. Zusatzausbildung anderen Ansätzen verpflichtet sind.

Auf dem Hintergrund dieser Überlegungen formulierten wir zwei Hypothesen:

a. Veränderungen von Deutungshaltungen und -mustern, die Kandidaten im Verlauf des Ausbildungsprozesses gegenüber Praxissituationen erwerben, sind auch für andere Beurteiler, d.h. für Experten mit unterschiedlicher Aus- und Zusatzausbildung wahrnehmbar.

b. Die von uns postulierten Veränderungen der Kandidaten können aber von den Experten umfassender wahrgenommen und eindeutiger positiv gewürdigt werden, die „konzept-nah" orientiert sind, als von denen, die als „konzept-fern" zu bezeichnen sind.

III. Die Anlage der Untersuchung

Nach Darstellung des verwendeten Untersuchungsinstrumentariums soll der spezifische Teilnehmerkreis in seinem jeweiligen Kontext beschrieben werden.

1. Das Untersuchungsinstrumentarium

Da den Untersuchungen Hypothesen zugrundeliegen, die auf sehr spezifische Weise an das erst 1991 ausformulierte Supervisionsmodell und seine hier erstmals explizierte Didaktik geknüpft sind, konnten wir auch auf keine vorfindbaren Untersuchungsinstrumente zurückgreifen. Die Instrumente mußten deshalb erst „kreiert" werden.

Es war dabei wichtig, solche zu entwickeln, die ökonomisch anwendbar sind, in Teilen eine gewisse Reliabilität aufweisen und vor allem für die Evaluations-Teilnehmer „sinnfällig" sind, d.h. angemessene face-validity enthalten.

Wir entwickelten und verwendeten zwei Instrumente:

- eine Polaritätenskala und
- drei Fallbeispiele.

1.1. Die Polaritätenskala

Zur Untersuchung der Hypothesengruppe A entwickelten wir eine siebenstufige Skala mit sieben Polaritäten.

Bei der Konstruktion hatten wir, entsprechend den Vorschlägen von KUGEMANN (1985), folgende Intentionen:

- Die Skala sollte aus ökonomischen Gründen weniger als 10 Polaritäten enthalten.
- Sie sollte zur Vermeidung von responds-sets durch ein mittleres Maß an Übersichtlichkeit charakterisiert sein.
- Sie sollte Fragestellungen enthalten, die auch für die Teilnehmer der Evaluation sinnfällig wirken, also für unseren Zusammenhang solche, die auch für die Ausbildungskandidaten augenscheinlich relevante Aspekte ihres beruflichen Daseins betreffen.
- Die einzelnen Polaritäten sollten so formuliert sein, wie sie uns geeignet schienen, die zur Hypothesen-Gruppe A postulierten Effekte abzufragen.

Die Skala lag wie folgt vor:

1. Im Vollzug meiner Praxis weiß ich im allgemeinen
   sofort o--o--o--o--o--o--o nie sofort, wie ich eine Praxissituation theoretisch einzuordnen habe.
2. Im Vollzug meiner Praxis weiß ich im allgemeinen
   nicht gleich o--o--o--o--o--o--o immer sofort, wie ich in einer Praxissituation zu handeln habe.
3. Im Vollzug meiner Praxis erlebe ich
   nie o--o--o--o--o--o--o oft, daß ich hinterher feststelle, ich habe unangemessen gehandelt.
4. Im Vollzug meiner Praxis erlebe ich
   nie o--o--o--o--o--o--o oft, daß sich die Dinge später ganz anders herausstellen, als ich anfangs dachte.
5. In meiner praktischen Arbeit treten
   häufig o--o--o--o--o--o--o selten Situationen auf, in denen ich zuerst nicht weiß, was ich tun soll.
6. Ich fühle mich in meiner praktischen Arbeit
   sehr kompetent o--o--o--o--o--o--o wenig kompetent.
7. Ich fühle mich in meiner praktischen Arbeit, wenn ich nicht sofort weiß, wie ich handeln soll,
   inkompetent o--o--o--o--o--o--o durchaus angemessen.

1.2. Die Fallbeispiele

Zur Untersuchung der Hypothesen-Gruppen B und C entwickelten wir drei Fallbeispiele mit je zwei Fragestellungen. Wir hatten an die Fallbeispiele folgende Anforderungen:

- Sie sollten aus ökonomischen Gründen kurz sein.

- Sie sollten möglichst einfach konstruiert sein, d.h. nur eine grob vorstrukturierte Problemkonstellation enthalten, so daß sie, ähnlich einem projektiven Testverfahren, das schwach thematisch vorstrukturiert ist, weitgehend offen sind für die Ausdeutungen der Teilnehmer. Schwache Vorstrukturierung war auch aus Gründen der Reliabilität relevant. Die Beispiele sollten sich nämlich durch ihre Unspezifität nur schwach im Gedächtnis der Teilnehmer verankern können, da wir sie in einigen Fällen nach einem gewissen Zeitraum erneut vorlegen wollten.

- Die Fallbeispiele waren in ihrer formalen Strukturierung und ihrer Problemkonstellation möglichst analog zu konstruieren, da die durch sie gewonnenen Daten zu einem Teil verglichen werden sollten.
- Sie sollten durch ihre thematische Orientierung aber doch Interesse bei den Teilnehmern erregen, also soziale Konstellationen enthalten, die am beruflichen Erleben der Teilnehmer ausgerichtet sind.

Die Fallbeispiele lauteten wie folgt:

a. Eine Sozialarbeiterin, 30 Jahre, ist seit drei Monaten in einer Fortbildungsinstitution der katholischen Kirche tätig. Sie war vorher Dozentin an einer staatlichen Sozialakademie.

Ihre Hauptaufgabe in der neuen Einrichtung besteht in der Schulung von Pastoralassistenten, die im Bereich der Gemeinde-Jugendarbeit tätig sind.

Anläßlich der Schulungen, die in Kleingruppenform stattfinden, bemerkt die Sozialarbeiterin, daß sie persönlich und fachlich verunsichert ist.

b. Ein Sozialpädagoge, 29 Jahre, ist seit drei Monaten als Referent einer größeren Stadt für den Hortbereich tätig. Vorher hatte er die Leitung eines schulvorbereitenden Kindergartens in einer anderen Stadt inne.

Seine Hauptaufgabe als Referent besteht in der fachlichen Beratung der Hortnerinnen, die er kleingruppenweise berät. Anläßlich dieser Beratungssitzungen bemerkt der Sozialpädagoge, daß er fachlich und persönlich verunsichert ist.

c. Ein Diplompädagoge, 29 Jahre, arbeitet seit 3 Monaten in der Aids-Beratungsstelle einer größeren Stadt. Er war davor in einer Klinik für Drogenabhängige tätig.

In der Aids-Beratungsstelle besteht seine Aufgabe hauptsächlich in der fachlichen Beratung der zahlreichen ehrenamtlichen Mitarbeiter. Diese Ehrenamtlichen betreuen Selbsthilfe-Gruppen von HIV-Infizierten und deren Angehörige.

Anläßlich der Beratungssitzungen, die jeweils in Gruppenform stattfinden, bemerkt der Diplompädagoge, daß er fachlich und persönlich verunsichert ist.

Zu den Fallbeispielen wurden folgende Fragen gestellt:

- Wodurch könnte die Verunsicherung verursacht sein? Nennen Sie mögliche Gründe.
- Welche Informationen hätten Sie gerne noch zu dem Fallbeispiel?

2. Der Teilnehmerkreis in seinem jeweiligen Untersuchungskontext

Im folgenden sind die Evaluationsteilnehmer in untersuchungsrelevanten Punkten darzustellen. Dabei sind sie nach ihrer Relation zur Evaluatorin sowie nach ihren Vor-, eventuellen Zusatzausbildungen und ihren Berufsfeldern zu charakterisieren.

2.1. *Gliederung der unterschiedlichen Teilnehmergruppierungen nach ihrer Relation zur Evaluatorin und ihrer „Konzept-Vertrautheit"*

Vorliegende Untersuchungen, als empirische Ermittlung von Effekten der Lehre von Integrativer Supervision, wurden an Teilnehmern durchgeführt, zu denen die Evaluatorin in unterschiedlichen professionellen Beziehungen stand und die in unterschiedlicher Weise mit dem zu lehrenden Ansatz vertraut waren.

Entsprechend diesen Kriterien lassen sich die Teilnehmer zunächst drei verschiedenen Gruppierungen mit jeweiligen Untergruppierungen zuordnen:

(1.) 93 Kandidaten entstammen langfristigen Supervisionsausbildungs-Gruppen. Sie lassen sich wieder vier Untergruppierungen zuordnen:

(1.1.) 39 nahmen an berufsfeldgemischten Ausbildungsgruppen für Supervision teil. Sie wurden in drei unterschiedlichen Ausbildungsgruppen beschult. Als „allgemeine Supervisionsausbildungs-Gruppen", „S", wollen wir sie entsprechend dem Jahr, in dem sie begonnen wurden, „S1987", „S1989" und „S1991" nennen. Sie umfaßten je 13 Mitglieder.

(1.2.) 28 Teilnehmer entstammen Supervisorenausbildungsgruppen, die nur für Psychotherapeuten offenstehen. Diese Gruppen, die 1988 und 1992 starteten, nennen wir „Ther1988“ und „Ther1992“. Sie umfaßten je 14 Teilnehmer.

(1.3.) 11 Personen nahmen an einer 1991 begonnenen Supervisorenausbildungsgruppe teil, die in Kooperation mit einem kirchlichen Bildungsträger in Österreich veranstaltet, zur Mehrzahl aus Theologen oder theologisch beschulten Teilnehmern bestand, also „Theol1991“.

(1.4.) An einer Supervisionsausbildungsgruppe nahm überwiegend Krankenpflegepersonal teil, d.h. Lehrer für Krankenpflege, Leiter von Altenheimen usw. Diese „K“-Gruppe umfaßte 15 Teilnehmer und startete 1992, sie heißt hier also „K1992“.

(2.) 26 Therapeuten wurden in kurzfristigen Supervisionsausbildungsseminaren beschult. Von ihnen waren

(2.1.) 14 Pastoraltherapeuten im Setting eines „Supervisionsseminars“ an der Universität Graz, die Gruppe „Graz“, und

(2.2.) 12 Therapeuten oder Gruppendynamiker im Setting eines „Fortbildungsseminars für Supervision“ bei der Sektion „Integrative Gestalttherapie“ des Österreichischen Arbeitskreises für Gruppentherapie und Gruppendynamik, die „ÖAGG“-Gruppe.

(3.) Sechs Experten hatten langjährige Berufs- und Supervisionserfahrung.

Das sind insgesamt 125 Evaluationsteilnehmer.

2.1.1. Die Relationen der Teilnehmer zur Evaluatorin

Nachfolgend sollen die spezifischen Relationen der Teilnehmer zur Evaluatorin umrissen werden.

ad (1.) Kandidaten der langfristigen Ausbildungsgruppen
Die Kandidaten der Supervisionsfortbildungskurse, (1.1.) bis (1.4.), hatten sich an der EAG für eine Supervisionsausbildung angemeldet und fanden die Evaluatorin als „Fachbereichsleiterin für Supervision“ vor.

Bei den Gruppen S1987, S1989, Ther1988, Ther1992 und Theol1991 fungierte die Evaluatorin als Leiterin der fortlaufenden Gruppe. Bei S1991 lehrte sie nur in einem fünftägigen Kompaktseminar. Bei diesen Gruppen wurden die Erhebungen zu den angegebenen Zeiten von ihr selbst vorgenommen.

Zur Gruppe K1992 hatte die Evaluatorin keine direkten Bezüge. Die Erhebung wurde anläßlich eines „Auswahlseminars" vor Beginn der Ausbildung von einem Kollegen vorgenommen.

ad (2.) Kandidaten der Supervisionsseminare
Die Gruppe „Graz" absolvierte bei der Evaluatorin am Ende ihrer pastoraltherapeutischen Ausbildung an der Universität Graz ein fünftägiges Supervisionsseminar. Die Aufgabe der Evaluatorin bestand hier darin, die Kandidaten im Rahmen eines „Supervisionsseminars" in komprimierter Weise supervisorisch zu beschulen. Auftraggeber war die Universität Graz.

Zu den Therapeuten und Gruppendynamikern des ÖAGG entstand der Bezug auf folgende Weise: Die Evaluatorin wurde von der Sektion „Integrative Gestalttherapie" des ÖAGG gebeten, für berufserfahrene Therapeuten und Gruppendynamiker ein Seminar „Integrative Supervision" abzuhalten. Die Teilnehmer meldeten sich dann für das fünftägige Seminar an, in dessen Verlauf sie komprimiert beschult wurden.

ad (3.) Experten
Bei den Experten handelt es sich um Personen, zu denen die Evaluatorin in langjährigen kollegialen und freundschaftlichen Beziehungen steht. Die Relationen der Evaluatorin zu dieser Gruppe von Teilnehmern unterscheidet sich von denen der anderen vorrangig durch ihre formale Symmetrie.

2.1.2. Das „Konzeptverständnis" der befragten Teilnehmer

Die befragten Personen, d.h. die verschiedenen Gruppierungen von Ausbildungskandidaten und Seminarteilnehmern sowie die Experten, verfügten, wie sich dem vorhergehenden Abschnitt zum Teil schon entnehmen ließ, zum Zeitpunkt der Befragungen über unterschiedlich tiefe und systematische Kenntnisse des eingangs beschriebenen Ansatzes und seiner Didaktik.

ad (1.) Kandidaten der langfristigen Ausbildungsgruppen
Die Evaluationsteilnehmer der langfristigen Gruppen, die S, die Ther- und die Theol-Gruppen, wurden auf die Weise beschult, die im didaktischen Teil erläutert wurde. Ihre Beschulung zielte also auf umfassende Konzeptkenntnis des Supervisionsansatzes.

Die K-Gruppe absolvierte gerade ein Auswahlseminar, bei dem über ihre Aufnahme erst noch entschieden werden sollte. Bis auf eine Person verblieben alle im gruppalen Ausbildungssetting.

ad (2.) Kandidaten der Supervisionsseminare
Bei den (2.1.) Pastoraltherapeuten und den (2.2.) Teilnehmern vom ÖAGG dagegen ging es um Beschulung im Rahmen von Supervisionsseminaren bzw. -workshops.

Im Gegensatz zu den Ausbildungskandidaten im langfristigen Setting konnte die Konzeptvermittlung hier nicht so umfassend und systematisch erfolgen, sondern blieb viel selektiver. Im Stil der beschriebenen Workshop-Didaktik wurden die von den Teilnehmern vorgebrachten Themen supervisorisch bearbeitet und in anschließenden Auswertungssequenzen durch konzeptionelle Erklärungen angereichert.

Im Hinblick auf ihre „Konzeptvertrautheit“ unterscheiden sich die „Seminarkandidaten“ von den „Supervisionsfortbildungskandidaten“ also primär graduell. Sie verfügten am Ende der Veranstaltungen, bei denen die Daten erhoben wurden, alle über Konzeptkenntnisse, die allerdings weniger tief und systematisch als bei den erstgenannten Gruppierungen sein konnten.

ad (3.) Die Experten
Die Experten verfügten zur Hälfte ebenfalls über Konzeptkenntnisse bezüglich des vorliegenden Ansatzes. Wie in einem nachfolgenden Abschnitt deutlich werden soll, war es hier sogar ein wichtiges Unterscheidungskriterium, nachdem wir die Experten in „konzeptnahe“ und in „konzept-ferne“ differenzierten.

2.2. *Die berufliche Horizontstruktur der unterschiedlichen Teilnehmergruppierungen*

Im folgenden sollen nun die einzelnen Teilnehmergruppierungen nach ihren Vor-, eventuellen Zusatzausbildungen und Berufserfahrungen dargestellt werden. Dies ist aus Gründen maximaler methodischer Transparenz von Bedeutung; denn die einzelnen Gruppen wurden gerade wegen dieser Aspekte mehrfach als Vergleichsgruppen verwendet.

2.2.1. Kandidaten von langfristigen Supervisorenausbildungen

Hier handelt es sich um vier verschiedene Untergruppierungen, die vorrangig nach ihren Vor-, Zusatzausbildungen und Berufserfahrungen zu differenzieren sind:

ad (1.) Kandidaten der berufsgemischten Gruppen
Zu diesen Kursen werden Personen zugelassen, die den üblichen Zulassungskriterien von Supervisorenausbildungen entsprechen. Sie verfügen über unterschiedliche soziale, bzw. sozialwissenschaftliche Grundberufe und sozial relevante Berufstätigkeiten, eine mindestens dreijährige Berufserfahrung und über längerfristige, gruppale Vorerfahrungen. Es handelt sich um die Gruppen S1987, S1989 und S1991.

Da diese drei Gruppen bei zwei Untersuchungen jeweils verglichen werden, sollen ihre Vorbildungen hier parallelisiert dargestellt werden.

	S1987	S1989	S1991
Dipl.-Soz.arb./Soz.päd.	6	4	8
Dipl.-Päd.	2	4	2
Dipl.-Psych.	2	1	
Dipl.-Ing.	2		
Dipl.-Betriebswirt	1	1	1
Krankenpflegelehrer	2	2	
Dipl.-Wirtschaftsmath.	1		
	13	13	13

In allen drei Gruppen fand sich je eine Person mit therapeutischer Zusatzausbildung (Gestalttherapie, Klientenzentrierte Therapie, Psychodrama).

Die Sozialarbeiter und Sozialpädagogen der drei Gruppen arbeiteten teils in Jugend- oder Gesundheitsämtern, teils in der Jugend- oder Kinderarbeit, als Beraterin, Heimleiter usw. Die Diplompädagogen waren in leitenden Positionen, als Heimleiter oder Erziehungsleiter tätig. Von den Psychologen arbeitete einer als freiberuflicher Psychotherapeut und Supervisor, eine im Arbeitsamt und eine in einer psychosozialen Beratungsstelle. Die Diplomingenieure,

Diplombetriebswirte und der Wirtschaftsmathematiker hatten entweder leitende Positionen in der Wirtschaft inne oder sie fungierten als freiberufliche Unternehmensberater. Von den Krankenpflegern hatten sich zwei als freiberufliche Fortbildner etabliert und zwei waren in leitenden Positionen bei kirchlichen Trägern.

ad (2.) Kandidaten aus den Kursen für Psychotherapeuten

Zu diesen Kursen werden ausschließlich Personen zugelassen, die über eine Zusatzausbildung in einem humanistisch-psychologischen Therapieverfahren verfügen. Wir werden auch hier die Angaben für Ther1988 und Ther1992 parallelisieren, da auch sie untereinander als Vergleichsgruppen dienen.

Vorbildung:	Ther1988	Ther1992
Lehrerin		1
Diakon	1	
Theologen	2	1
Dipl.-Soziol.	1	
Dipl.-Psych.	3	4
Dipl.-Päd.	2	1
Dipl.-Soz.arbeit./Soz.päd	5	7
	14	14

Zusatzausbildungen bei Gruppe Ther1988: 13 Teilnehmer verfügen über eine Zusatzausbildung in Gestalttherapie, eine Teilnehmerin in feministischer Therapie auf gestalttherapeutischem Hintergrund.

Zusatzausbildungen bei Gruppe Ther1992: 12 Teilnehmer verfügen über eine Zusatzausbildung in Gestalttherapie, zwei Teilnehmerinnen in feministischer Therapie auf gestalttherapeutischem Hintergrund.

Die Lehrerin, der Diakon und zwei Theologen übten ihren Grundberuf aus. Ein Theologe, der Soziologe und fünf der insgesamt sieben Psychologen waren als freiberufliche Therapeuten und Supervisoren tätig. Die Diplompädagogen und Sozialarbeiter/Sozialpädagogen waren alle therapeutisch oder beratend tätig, davon zur Hälfte freiberuflich.

ad (3.) Kandidaten der theologisch orientierten Gruppe

Diese Ausbildungsgruppe wurde in Kooperation mit einem Bildungsträger der katholischen Kirche in Österreich etabliert. Entsprechend diesem Mitveranstalter umfaßte sie vorrangig theologisch vorgebildete, bzw. theologisch orientierte Teilnehmer.

5 kath. TheologInnen
1 ev. Theologe
2 Sozialarbeiterinnen mit theol. Zusatzausbildung
2 Lehrerinnen (mit theolog. Zusatzausbildung)
1 Psychologe

11 Personen

Hier verfügte eine Sozialarbeiterin über eine Zusatzqualifikation als Beraterin und ein Theologe über eine gestalttherapeutische Zusatzausbildung.

Von den insgesamt sechs Theologen waren zwei als Gemeindepfarrer tätig, einer in der Ausbildung von Lehrern, einer in der Ausbildung von Pastoralassistenten, ein Theologe war Religionslehrer einer berufsbildenden Schule. Ein Theologe hatte eine leitende Funktion in der kirchlichen Jugendarbeit. Von den Sozialarbeiterinnen war eine bei einem nicht-kirchlichen Träger tätig, die andere fungierte bei einem kirchlichen Träger in der Jugendarbeit. Die Lehrerinnen unterrichteten in staatlichen Schulen, eine von ihnen stand primär in der Lehrerbildung. Der Psychologe war Leiter eines nicht-kirchlichen Bildungshauses.

ad (4.) Kandidaten der „Krankenpfleger"-Gruppe
Die K-Gruppe wurde in Kooperation mit einem Bildungsträger für Pflegeberufe durchgeführt. So umfaßte diese Gruppe ausschließlich Personen, die im Alten- oder Pflegebereich tätig sind. Alle 15 verfügten über eine Ausbildung im Bereich der Kranken- oder Altenpflege; 11 sind in der Lehre von Alten- oder Krankenpflege tätig; zwei Personen verfügten außerdem über eine Ausbildung als Sozialarbeiter oder Diplompädagoge, eine Person ist Theologe; zwei erwarben noch eine zusätzliche Verwaltungsausbildung.

Kein Teilnehmer verfügte über eine therapeutische oder beraterische Zusatzausbildung.

2.2.2. Therapeuten in kurzfristigen Supervisionsausbildungs-Seminaren

ad (1.) Bei der Gruppe „Graz" handelt es sich um Personen, die eine dreijährige Zusatzausbildung für Pastoraltherapie auf gestalttherapeutischem Hintergrund durchlaufen hatten (vgl. LADENHAUF

1988). Dieser Kurs wurde von der Fakultät für katholische Theologie der Universität Graz veranstaltet.

Die von mir geleitete Veranstaltung, anläßlich derer die Befragung stattfand, stellte das den Fortbildungskurs abschließende Seminar dar. Die Teilnehmergruppe setzte sich im Hinblick auf ihre Vorbildung wie folgt zusammen:

1 kath. Theologe
4 katholische Laientheologen
4 katholische Theologinnen
1 evangelischer Theologe
1 evangelische Gemeindeschwester
3 Sozialarbeiterinnen
―――――――――――
14

Je ein ev. und kath. Theologe fungierten als Gemeindepfarrer, zwei Laientheologen als Krankenhaus-Seelsorger, eine Theologin als freiberufliche Psychotherapeutin, die anderen als Religionslehrer, Pastoralassistenten oder Heimleiter. Die ev. Gemeindeschwester war in einer Gemeinde tätig, ebenso zwei von den Sozialarbeiterinnen. Die dritte hatte eine Stelle in einer städtischen Jugendbehörde.

ad (2.) Die Gruppe „ÖAGG“ bestand aus bereits langjährig berufstätigen Personen, die auf der Basis langfristiger therapeutischer Zusatzausbildungen (zehn als Gestalttherapeuten, davon eine Teilnehmerin noch als Familientherapeutin, eine Person als Gruppendynamiker, eine Teilnehmerin als Gestaltpädagogin) zu großen Teilen freiberuflich als Psychotherapeuten, Supervisoren und Erwachsenenbildner tätig waren.

Ihre Vorbildungen waren wie folgt:

1 Theologin
1 Diakon
6 Psychologen
1 Soziologe
1 Politologin
1 Lehrerin
1 Bibliothekarin
―――――――――――
12

2.2.3. Die Experten

Als „Experten“ bezeichnen wir hier Personen, die mehr als zehn Jahre in sozialen Arbeitsfeldern tätig sind und länger als drei Jahre selbst Supervision erhielten.

Wir differenzierten die Experten wiederum in zwei Gruppen, in konzept-nahe und konzept-ferne Experten. Als „konzept-nahe“ Experten wollen wir solche bezeichnen, die qua Zusatzausbildung schon in einen phänomenologisch orientierten Ansatz hineinsozialisiert wurden. Als „konzept-fern“ wollen wir jene bezeichnen, die über keine derartige Zusatzausbildung verfügen, sondern über Fortbildungen anderer Art.

Sie sollen bei den Untersuchungen zur Hypothesen-Gruppe C noch detailliert beschrieben werden.

IV. Darstellung der Untersuchungen

In diesem Abschnitt stelle ich die Untersuchungen im einzelnen dar. Sie sind nach den jeweiligen Hypothesen-Gruppen A-C gegliedert. Zu jeder Hypothesen-Gruppe werden folgende Aspekte erläutert:

- die Teilnehmer,
- das verwendete Instrumentarium mit seinem jeweiligen zeitlichen Einsatz,
- die Auswertungsweise,
- die Ergebnisse,
- eine „Ergebnisdiskussion" und, sofern sinnvoll,
- Ausführungen zur Bedeutung supervisorischer Didaktik.

1. Untersuchungen zur Hypothesen-Gruppe A

Zu dieser Hypothesen-Gruppe wollte ich Veränderungen der generellen Deutungshaltung von Ausbildungskandidaten untersuchen, die sie im Verlauf des Ausbildungsprozesses in ihrem Bezug zur eigenen Praxis zum Ausdruck bringen. Hier wurden folgende Hypothesen formuliert:

a. Im Verlauf von Ausbildungsprozessen nimmt die Selbstdefinition globaler Handlungssicherheit bei Kandidaten zu, d.h. sie definieren sich zunehmend als „jemand, der weiß, was er tun soll".

b. Im Verlauf von Ausbildungsprozessen nimmt die Selbstdefinition globaler Kompetenz von Ausbildungskandidaten zu, d.h. sie definieren sich zunehmend als „kompetent".

c. Der globale Eindruck zunehmender Handlungssicherheit und Kompetenz muß, im Sinne einer realistischen Selbsteinschätzung, aber einhergehen mit dem Eingeständnis, daß nicht immer sofortige Handlungssicherheit sowie theoretisch fundierte Deutungssicherheit besteht. Das Eingeständnis solcher Aspekte müßte also im Verlauf des Ausbildungsprozesses immer in mittleren Graden erhalten bleiben.

d. In Anfangsstadien des Ausbildungsprozesses wird eine mehr oder weniger intensive Verunsicherung der Wahrnehmung eintreten, d.h. die Kandidaten geben an, daß sie manches „nachträglich anders beurteilen, als vorher".

e. Die in den Hypothesen a.-d. prognostizierten Effekte werden allerdings je nach der professionell gebildeten Horizontstruktur von Kandidaten variieren. So prägen sie sich voraussichtlich entsprechend den Vor-, Zusatzausbildungen und dem beruflichen Feld der Kandidaten unterschiedlich stark aus.

1.1. Die Teilnehmer

Zur Testung dieser Hypothesen wurden folgende Teilnehmergruppierungen herangezogen:

- 39 Ausbildungskandidaten berufsgemischter Gruppen, S1987, S1989 und S1991 mit je 13 Personen,
- eine Ausbildungsgruppe von Therapeuten, Ther1988 mit 14 Personen,
- eine vorwiegend theologisch vorgebildete Ausbildungsgruppe, Theol1991 mit 11 Personen und
- eine Ausbildungsgruppe für Krankenpfleger, K1992 mit 15 Personen.

  Das sind insgesamt 79 Personen.

1.2. Das Untersuchungsinstrumentarium und sein zeitlicher Einsatz

Hier kam die Rating-scale mit ihren sieben Polaritäten zum Einsatz. Sie wurde bei den Gruppen wie folgt verwendet:

- bei S1989 nach 4, 31 und 75 Tagen Ausbildung, bei S1991 nach 44 Tagen, bei S1987 nach 75 Tagen,
- bei Ther1988 nach 6 und nach 21 Tagen,
- bei der überwiegend theologisch vorgebildeten Gruppe nach 4 und nach 48 Tagen Ausbildung und
- bei K1992 vor Beginn der Ausbildung.

1.3. Die Auswertungsweise

Die Auswertungsweise bei dieser Hypothesen-Gruppe gestaltete sich vergleichsweise einfach. Die von den Teilnehmern bei einem Termin zu einer Polarität angestrichenen Skalenpunkte wurden addiert und durch die Anzahl der Teilnehmer dividiert. So ergab sich zu jeder Polarität bei einer Befragung ein jeweiliger Mittelwert.

1.4. Die Untersuchungsergebnisse

In den folgenden Tabellen sind diese Mittelwerte vergleichend dargestellt und bei Abweichungen von 1,5 Skalenpunkten unterstrichen.

Tab. (1) : Vergleich berufsgemischter Supervisionsausbildungsgruppen (S-Gruppen) in verschiedenen Ausbildungsstadien

Gruppe:	S1989	S1989	S1991	S1987	S1989
Tn.:	13	13	13	13	13
Anz. Tg.:	4	31	44	75	75
1.	3,7	3,2	3,1	3	3,2
2.	4,7	4,5	4,9	4,4	4,9
3.	5	<u>3,4</u>	5,7	5,7	6
4.	3,5	3,4	3,1	3,9	3,7
5.	<u>1,8</u>	5,2	5	4,9	5,5
6.	<u>4,5</u>	2,2	1,9	1,9	2
7.	4,6	6	5,9	6,4	6

Tab. (2): Vergleich der therapeutischen Supervisionsausbildungsgruppe (Ther-Gruppe) mit den berufsgemischten Gruppen (S1987 und S1989) in verschiedenen Ausbildungsstadien

Gruppe:	Ther1988	Ther1988	S1987	S1989
Tn.:	14	14	13	13
Anz. Tg.:	6	21	75	75
1.	3,3	3	3	3,2
2.	4,9	3,7	4,4	4,9
3.	4,7	5,9	5,7	6
4.	3	2,8	3,9	3,7
5.	5,4	4,9	4,9	5,5
6.	2,6	2,6	1,9	2
7.	4,9	4,9	<u>6,4</u>	<u>6</u>

Tab. (3): Vergleich der theologisch vorgebildeten Gruppe (Theol 1991) mit den berufsgemischten Ausbildungsgruppen (S1989 und S1991)

Gruppe:	Theol1991	S1989	Theol1991	S1991
Tn.:	11	13	11	13
Anz. Tg.:	4	4	48	44
1.	4,2	3,7	3,6	3,1
2.	3,6	4,7	4,9	4,9
3.	5	5	5,7	5,7
4.	3,4	3,5	3,3	3,1
5.	<u>3,7</u>	1,8	5,4	5
6.	<u>2,5</u>	4,5	2,3	1,9
7.	5,4	4,6	6,1	5,9

Tab. (4): Vergleich zwischen drei etwa zeitgleichen Gruppen: der berufsgemischten Gruppe S1989, der Gruppe Theol1991 und K1992

Gruppe:	S1989	Theol1991	K1992
Tn.:	13	11	15
Anz. Tg.:	4	4	0
1.	3,7	4,2	3,6
2.	4,7	3,6	4,3
3.	5	5	4,6
4.	3,5	3,4	3,4
5.	1,8	<u>3,7</u>	<u>6,7</u>
6.	4,5	<u>2,5</u>	<u>2,9</u>
7.	4,6	5,4	5,9

1.5. Diskussion der Ergebnisse

Die Ergebnisse sollen entsprechend den Tabellen (1) – (4) diskutiert werden.

Tab. (1)

Diese Tabelle gibt anhand des Vergleichs von berufsgemischten Gruppen wider, wie sich im Verlauf der Ausbildung der subjektive Eindruck, „handlungssicher" und „kompetent" zu sein, verbessert (Item 5. und 6.). Die deutlichste Veränderung zeigt sich an der Gruppe S1989 beim Item 5., von vier zu 31 Ausbildungstagen. Die in den Hypothesen a. und b. prognostizierten Veränderungen stagnieren allerdings im weiteren Verlauf, d.h. die Werte dieser Items erhöhen sich auch bei 75 Tagen nicht weiter.

Im Sinne der Hypothese c. bleiben die Werte zu den Items 1., 2.und 4. im Verlauf der Ausbildung ungefähr gleich. Im Sinne von Hypothese d. ist bei der Gruppe S1989 nach 31 Tagen ein auffallender Wert bei Item 3. zu beobachten. Im Gegensatz zu ihren anfänglichen Werten (nach vier Tagen), und ihren späteren (nach 75 Tagen) äußern die Kandidaten hier erhöhte Unsicherheit, d.h. sie stellen häufiger als vorher und nachher fest, daß sich ihre Handlungen „hinterher als falsch herausstellen".

Tab. (2)

Die zweite Tabelle zeigt die Entwicklung einer therapeutischen Ausbildungsgruppe, Ther1988, von sechs zu 21 Tagen Ausbildung und stellt sie zwei „reifen", berufsgemischten Gruppen nach 75 Tagen gegenüber.

Hier ist zunächst zu beobachten, daß die Werte der Ther-Gruppe bei Item 2. und 3. nur um jeweils 1,2 Punkte variieren. Wie in der vorhergehenden Tabelle, bei S1989, zeigt sich auch hier, allerdings nur sehr milde, daß im Verlauf der Supervisorenausbildung vorübergehende Handlungsunsicherheiten erzeugt wurden. Dieser Eindruck wird auch durch Item 7. unterstützt, wenn wir die Therapeutengruppe mit den berufsgemischten vergleichen; denn die berufsgemischten fühlen sich hochgradig kompetent (mit 6,4 und 6 Punkten), auch wenn sie „nicht sofort wissen, wie sie angemessen handeln sollen".

Tab. (3)
In Tabelle (3) werden Werte von den etwa zeitlichen Gruppen, Theol1991 und S1989 bzw. S1991 gegenübergestellt.

Hier ergeben sich beim ersten Termin Differenzen: Die Theol-Gruppe definiert sich (in Item 5. und 6.) deutlich als sicherer gegenüber der berufsgemischten Gruppe. Beim zweiten Termin, nach 48 und 44 Tagen, gleichen sich die Werte an. Aus diesem Befund könnte man den Eindruck gewinnen, daß sich theologisch geschulte Personen zu Beginn einer Supervisorenausbildung als weniger verunsicherbar erweisen.

Tab. (4)
Diese Tabelle dient zum Vergleich von drei etwa zeitgleichen Gruppen, einer berufsgemischten, der Theol- und der K-Gruppe.

Hier zeigt sich noch einmal das soeben beschriebene subjektive Sicherheitsgefühl der Theologen, es zeigt sich aber noch deutlicher, über welch geradezu „monströses" Selbstbewußtsein in Sinne von „Handlungssicherheit" und „Kompetenz" Krankenpflegepersonal zu Beginn seiner Ausbildung verfügt.

Zu Item 6. verneinen sie fast alle, daß in ihrer Praxis Situationen auftreten, in denen sie nicht wissen, was sie tun sollen. Zu Item 6. geben viele an, daß sie sich sehr kompetent fühlen und zu Item 7. sogar, daß sie sich selbst dann noch kompetent fühlen, wenn sie nicht sofort wissen, was sie tun sollen. Dieser Befund belegt noch deutlicher als bei den Theologen, daß die subjektive Selbsteinschätzung von „Handlungssicherheit" und „Kompetenz", neben allen Schulungsmaßnahmen, als Ausdruck berufsspezifischer Sozialisation zu werten ist.

1.6. *Die Bedeutung der Ergebnisse für die supervisorische Didaktik*

Das vorliegende Datenmaterial gibt vorrangig Hinweise auf die lernorganisatorische Struktur von Supervisorenausbildungen.

Es belegt in wesentlichen Zügen, daß es im Verlauf der Supervisorenausbildung in berufsgemischten Gruppen gelingt, bei Kandidaten eine konzeptgerechte Deutungshaltung gegenüber ihrem eigenen beruflichen Zusammenhang zu erzeugen. Im Sinne der

Hypothesen a. und b. erhöht sich die subjektive Handlungssicherheit und Kompetenz, und im Sinne von Hypothese c. bleibt das Eingeständnis gelegentlicher Deutungs- und Handlungsunsicherheit in mittleren Graden erhalten. Auch zur Bestätigung von Hypothese d. ergeben sich Hinweise, daß nämlich im Verlauf der Ausbildung die subjektive Handlungssicherheit vorübergehend reduziert ist.

Bei Gruppen mit homogenen Vor- oder Zusatzausbildungen ergibt sich ein etwas anderes Bild. Bei reinen Therapeutengruppen lassen sich die in den Hypothesen beschriebenen Effekte schwach oder gar nicht nachweisen. Möglicherweise haben sie bereits durch vorangegangene therapeutische Ausbildungen Deutungshaltungen entwickelt, die die anderen Kandidaten erst im Verlauf der Supervisorenausbildung erwerben.

Im Gegensatz dazu scheinen Teilnehmer aus theologischen, und besonders aus Krankenpflegemilieus, zu Beginn einer Supervisorenausbildung über ein höheres Maß an subjektiver, beruflicher Sicherheit zu verfügen, als es bei berufsgemischten Gruppen vorfindlich ist.

Aufgrund dieser Daten läßt sich vermuten, daß bei berufshomogenen Ausbildungsgruppen von Theologen und noch viel mehr bei Krankenpflegepersonal mit anderen gruppalen Verläufen als bei berufsgemischten Gruppen zu rechnen ist. Da ihre subjektive Handlungssicherheit und Kompetenz zu Beginn einer Supervisorenausbildung so ausgeprägt artikuliert wird, wäre denkbar, daß sie sich potentiell neue Lernerfahrungen, die immer verunsichernd wirken, schwerer als berufsgemischte Gruppen zunutze machen können. Hier sind dann entweder kollektive Krisen gegenüber der eigenen beruflichen Praxis, Widerstand gegen die Ausbildung oder andere, mehr oder weniger konstruktive gruppale Phänomene zu erwarten.

Aufgrund des Datenmaterials scheint es eher empfehlenswert, berufsheterogene Supervisionsausbildungsgruppen zu etablieren; denn in solchem Rahmen lassen sich Sinnsysteme von Vertretern einer Berufsgruppe leichter lockern, es besteht jedenfalls nicht die Gefahr, daß sie sich durch kollektive Prozesse noch verfestigen.

Diese Zusammenhänge sollten jedenfalls bei nachfolgenden Untersuchungen genauer beleuchtet werden.

2. Untersuchungen zur Hypothesen-Gruppe B

Bei dieser Hypothesen-Gruppe ging es um Veränderungen von Deutungshaltungen und -mustern, die Kandidaten für Supervision gegenüber neuen Praxiskonstellationen entfalten. Die Hypothesen a.-g. lauteten im einzelnen:

a. Im Verlauf von Ausbildungsprozessen reduzieren sich grobe Kategorisierungen, mit denen Kandidaten Praxissituationen ausdeuten.
b. Im Verlauf von Ausbildungsprozessen entwickeln Kandidaten zunehmend das Bedürfnis, genauere und umfassendere Informationen zur Hypothesenbildung einzuholen.
c. Im Verlauf von Ausbildungsprozessen läßt sich bei der Bildung von Hypothesen, mit denen Kandidaten praktische Situationen erfassen, die Tendenz beobachten, daß die eigenen Deutungsmuster zunehmend systematisiert werden.
d. Im Verlauf von Ausbildungsprozessen erhöht sich die Anzahl von hypothetischen Mustern, die zur Ausdeutung von Praxissituationen herangezogen werden.
e. Bei der Hypothesenbildung zur Ausdeutung praktischer Situationen treten neben Konstruktionen 1. Ordnung, also alltagsweltlichen Mustern, zunehmend solche zweiter Ordnung, also Theorien hinzu.
f. Im Verlauf von Ausbildungsprozessen steigt bei Ausdeutungen von Praxissituationen zunehmend die Mehrperspektivität an, d.h. es werden bei der Hypothesenbildung zunehmend Deutungsmuster verwendet, die auf unterschiedlichen paradigmatischen Ebenen angesiedelt sind.
g. Kandidaten mit Therapeutenvorbildung verharren auch im Verlauf eines Supervisionsausbildungsprozesses deutlicher an individualisierenden Hypothesenbildungen als solche ohne therapeutische Vorbildung.

2.1. Die Teilnehmer

Zur Testung dieser Hypothesengruppe zogen wir folgende Teilnehmergruppierungen heran:

- 14 Pastoraltherapeuten aus Graz,
- 12 Therapeuten des ÖAGG,

- 28 Therapeuten aus den Gruppen Ther1988 und Ther1992,
- 39 Ausbildungskandidaten aus den feldgemischten Gruppen S1987, S1989, S1991 und
- 15 Kandidaten der K-Gruppe.

Das sind insgesamt 108 Personen.

2.2. *Das Untersuchungsinstrumentarium und sein zeitlicher Einsatz*

Für diese Untersuchung wurden die drei Fallbeispiele (a.)-(c.) zu folgenden Zeiten herangezogen:

- bei den Gruppen Graz und ÖAGG das Fallbeispiel (a.) am Anfang und am Ende eines fünftägigen Seminars,
- bei Ther1992 das Beispiel (c.) nach drei Tagen, bei Ther1988 ebenfalls das Beispiel (c.) nach sechs und nach 21 Tagen und
- bei S1987 Beispiel (b.) nach 75 Tagen, bei S1989 das Beispiel (b.) nach vier, nach 31 und nach 75 Tagen, bei S1991 das Beispiel (c.) nach 48 Tagen und
- bei K das Beispiel (c.) vor Beginn der Ausbildung.

2.3. *Die Auswertungsweise*

Die Auswertung zu dieser Hypothesen-Gruppe gestaltete sich, entsprechend den jeweiligen Hypothesen und dem verwendeten Instrumentarium, in Teilen notwendigerweise komplexer als bei der soeben beschriebenen Hypothesen-Gruppe. Sie soll hier nach den Hypothesen gegliedert beschrieben sein:

ad a. Zur Feststellung „grober" Kategorisierungen wurden zunächst Statements ausgezählt, die Aussagen enthielten, die sich aus dem Text des Fallbeispiels nicht notwendigerweise ergeben, die also sowohl inhaltlich als auch in der Formulierung einseitig projektiv wirkten, z.B. „Sie hat Widerstände wegen ihrer kirchlichen Sozialisation", „Er kann mit den Frauen nicht umgehen", „Er hat selbst Angst vor Aids" usw.

ad b. Zur Feststellung der Explorationsfähigkeit wurden Statements zur zweiten Frage der Beispiele, also die „Nachfragen" ausgezählt.

ad c. Zur Frage der Systematisierung wurde zu ermitteln versucht, ob die Hypothesen der Kandidaten nur selektiv genannt oder in einen konzeptionellen Rahmen gestellt wurden.

ad d. Zur Ermittlung des Hypothesenanstiegs wurde die Anzahl der Hypothesen zur ersten Frage ausgezählt.

ad e. Zur Ermittlung, ob die Hypothesen an Theorien angebunden wurden oder ob sie primär auf Alltagskonzepten basierten, wurden sie entsprechend zu qualifizieren versucht. Als „Alltagshypothesen" betrachteten wir Statements wie: „Er fühlt sich unbehaglich in der neuen Arbeitssituation", oder „Sie wird von den Theologen nicht akzeptiert." Als „sozialwissenschaftliche Erklärung" wurden Statements betrachtet wie: „Er kennt die Kultur der Hortnerinnen nicht" oder „Sie muß ihre Rollendefinition seitens der Jugendleiter erst erkunden" usw.

ad f. Zur Ermittlung der „Mehrperspektivität" bzw. ihres Anstiegs wurden die von den Teilnehmern angegebenen Hypothesen zu Frage 1. nach drei Kategorien zu sortieren versucht,

- in individuelle,
- in interaktionale und
- in systemische Hypothesen.

Dabei werteten wir als „individuelle Hypothesen" solche, die auf die jeweilige Hauptfigur des Falles zentriert waren, wie: „Er hat private Schwierigkeiten", „Er hat Angst vor Aids", „Sie hat Schwierigkeiten mit ihrer kirchlichen Sozialisation".

Als „interaktionale Hypothesen" wurden Statements gewertet, die auf die Beziehung zwischen der Hauptfigur und der zu leitenden Gruppe bezogen waren, wie: „Die Frauen verunsichern ihn", „Die Ehrenamtlichen akzeptieren ihn nicht", „Die Jugendleiter erkennen sie nicht an, sie weiß auch nicht mit ihnen umzugehen".

Unter „systemischen Hypothesen" verstanden wir solche, die sich auf den Kontext des Fallbeispiels bezogen, wie: „Der hierarchische Aufbau der Kirche macht Probleme", „Vielleicht ist seine Funktion zu unklar definiert", „Die Kultur der Ehrenamtlichen ist eine gänzlich andere, da ist er noch nicht integrierbar".

2.4. *Die Untersuchungsergebnisse*

Bei den folgenden Darstellungen werden die Ergebnisse der einzelnen Gruppen jeweils den Hypothesen a.-f. zugeordnet.

Tab. (1): Ergebnisse der Gruppe „Graz" (14 Personen)

Anz. d. Tg.	0	nach 5 Tg.	
a. Typisierungen	18	5	Diff 13
b. Nachfragen	51	64	Diff 13
c. Systematis.	2	12	Diff 10
d. Hypothesen	53	62	Diff 9
e. theoret. Hyp.	8	28	Diff 20
f. Mehrpersp.			
individuell	78%	44%	
interaktional	12%	20%	
systemisch	10%	36%	

Tab. (2): Ergebnisse der Gruppe „ÖAGG" (12 Personen)

Anz. d. Tg.	0	nach 5 Tg.	
a. Typisierungen	2	0	Diff 2
b. Nachfragen	77	79	Diff 2
c. Systematis.	4	8	Diff 4
d. Hypothesen	54	72	Diff 18
e. theoret. Hyp.	21	35	Diff 14
f. Mehrpers.			
individuell	63%	47%	
interaktional	19%	25%	
systemisch	18%	28%	

Tab. (3): Ergebnisse der Gruppen Ther1988 und Ther1992 (je 14 Personen)

Gruppe	Ther1992	Ther1988	Ther1988
Anz. d. Tg. 3	3	6	21
a. Typisierungen	4	6	3
b. Nachfragen	– Daten nicht erhoben –		
c. Systematis.	6	4	7
d. Hypothesen	64	65	89
e. theoret. Hyp.	11	10	16
f. Mehrpers.			
individuell	45%	42%	35%
interaktional	31%	35%	34%
systemisch	23%	23%	31%

Tab. (4): Ergebnisse der Gruppen S1987, S1989, S1991 (je 13 Personen)

Gruppe	S1989	S1989	S1991	S1989	S1987
Anz.d. Tg.	4	31	48	75	75
a. Typisierungen	8	4	3	2	3
b. Nachfragen	60	80	110	106	111
c. Systematis.	5	7	3	7	9
d. Hypothesen	74	75	84	91	97
e. theoret. Hyp.	17	20	15	21	22
f. Mehrpers.					
individuell.	48%	36%	42%	35%	32%
interaktional	25%	38%	31%	30%	31%
systemisch	27%	26%	27%	34%	37%

Tab. (5): Ergebnisse der Gruppe K im Vergleich zur Gruppe Graz

Gruppe	K	Graz
Anz. d. Tg.	0	0
Tn.	15	14
a. Typisierungen	12	18
b. Nachfragen	50	51
c. Systematis.	2	2
d. Hypothesen	60	53
e. theoret. Hyp.	5	8

Tab. (6): Vergleich der Mehrperspektivität von K, Graz und S1987/S1989

Gruppe	K	Graz	S1987	S1989
Anz. d. Tg.	0	0	75	75
Tn	15	14	13	13
individuell	45%	78%	32%	35%
interaktional	6%	12%	31%	30%
systemisch	49%	10%	37%	34%

2.5. Diskussion der Ergebnisse

Die Diskussion der Ergebnisse soll auch hier entsprechend den innerhalb der Tabellen (1)–(6) enthaltenen Daten erfolgen.

ad Tab. (1)

Die Vergleichsdaten der Gruppe Graz zeigen, daß sich die Pastoraltherapeuten bereits nach fünf Tagen supervisorischer Beschulung im Sinne unserer Hypothesen a.–f. verändert haben. Sie zeigen nach Abschluß des Seminars deutlich weniger Typisierungen, erweitern ihre Nachfragen, systematisieren größtenteils ihre Hypothesen, formulieren mehr davon und vor allem zunehmend solche mit theoretischem Gehalt.

Auch ihre Perspektivität, die anfangs noch 78% individualisierende Hypothesen enthielt, glich sich im Verlauf des Seminars mehrperspektivischer aus, d.h. vor allem die systemischen Hypothesen nahmen zu.

ad Tab. (2)
Die Ergebnisse der ÖAGG-Gruppe zeigen ähnliche, allerdings bei weitem nicht so dramatische Entwicklungen. Auch hier ergeben sich Tendenzen im Sinne unserer Hypothesen a.-f., und auch hier läßt sich eine Veränderung der Perspektivität beobachten. Auffallend ist hier, daß bereits am Anfang die Typisierungen gering und die Nachfragen hoch sind. Dies liegt vermutlich an der langjährigen therapeutischen und beratenden Berufserfahrung der Teilnehmer. Allerdings ist auch bei dieser Gruppe eine Zunahme der Hypothesenbildung insgesamt und der theoretischen insbesondere zu beobachten. Und auch die Perspektivität verschiebt sich von ursprünglich 63% individualisierende Hypothesen auf eine deutlich breitere Paradigmatik.

ad Tab. (3)
Die beiden therapeutischen Langzeitgruppen belegen ebenfalls, daß sich im Verlauf des Ausbildungsprozesses die Hypothesen generell, aber auch die theoretischer Art vermehren. Hier zeigt sich nach 21 Tagen Beschulung auch die Mehrperspektivität ausgeglichener. Dabei sind allerdings schon anfangs nicht so dramatische Werte wie bei den Gruppen ÖAGG oder gar Graz zu beobachten; denn schon nach drei bzw. sechs Tagen Beschulung lassen diese Gruppen ausgeglichenere Werte erkennen als die beiden Seminargruppen von Therapeuten am Ende der jeweiligen Fünf-Tages-Seminare.

ad Tab. (4)
Bei den berufsgemischten Gruppen lassen sich die hypostasierten Effekte ebenfalls nachweisen. Im Verlauf des Ausbildungsprozesses steigen die Nachfragen und Hypothesenbildungen, auch die in theoretischer Hinsicht an. Die Typisierungen nehmen geringfügig ab, und die Systematisierungen der Hypothesen nehmen geringfügig zu. Auch die Mehrperspektivität entwickelt sich im Verlauf des Ausbildungsprozesses erwartungsgemäß. Nur die Gruppe S1991

weist noch nach 48 Tagen ein leichtes Übergewicht individueller Hypothesen gegenüber systemischen auf.

ad Tab. (5)
Der Tabelle (5) läßt sich entnehmen, daß die Krankenpfleger, ähnlich wie die Pastoraltherapeuten, vor der Beschulung vielfältige Typisierungen verwenden, ihre Hypothesen wenig systematisieren und auch kaum theoretische Muster zur Hypothesenbildung heranziehen.

ad Tab. (6)
Die Vergleichsdaten der Tabelle (6) geben die „Anfangsperspektivität" der Krankenpfleger und der Pastoraltherapeuten im Vergleich zu den „reifen", berufsgemischten Supervisionsgruppen S1987 und S1989 wider. Die Daten legen nahe, daß in der Gruppe von Krankenpflegern nur ein gering entwickeltes Bewußtsein vom interaktiven Charakter sozialer Zusammenhänge besteht, daß sie Praxisereignisse fast ausschließlich mit individuellen und systemischen Mustern erfassen. Die Daten der Anfangssituation von den Pastoraltherapeuten belegen, daß in diesem Milieu vorrangig individualisierende Hypothesen zur Strukturierung von Praxissituationen herangezogen werden. Diese Tabelle belegt besonders deutlich, wie sich die Deutungsmsuster der Kandidaten von langfristigen, berufsgemischten Supervisionsausbildungsgruppen in Richtung einer ausgeglichenen Paradigmatik entwickeln.

Zusammenfassend läßt sich anhand des Datenmaterials belegen, daß Kandidaten im Verlauf von Crash-Kursen oder Ausbildungsgruppen für Supervision in mehr oder weniger gravierender Weise ihre Deutungshaltungen und -muster verändern. Unsere Hypothesen a.-f. ließen sich somit in wesentlichen Zügen bestätigen.

Besonders dramatisch zeigten sich Entwicklungen bei den Pastoraltherapeuten (Tab. [1]), die kurz vor Abschluß ihrer Therapieausbildung standen. Bei schon länger berufstätigen Therapeuten, wie der Gruppe ÖAGG und den Gruppen Ther1988 und Ther1992 sind diese Tendenzen wesentlich milder. Die Befunde lassen aber insgesamt die Vermutung zu, daß Psychotherapeuten humanistisch-psychologischer Verfahren ohne spezielle supervisorische Beschulung spontan kaum systemische Hypothesen bilden und auch relativ wenig theoretische Muster verwenden. Die Befunde zeigen aber auch, daß sie im Verlauf von Crash-Kursen und besonders im Verlauf von langfristigen Supervisorenausbildungen eine breite Paradigmatik erwerben können. Sie bleiben entgegen unserer Hypothese g. also nicht auf die Bildung individualisierender Muster fixiert.

Ein durch unsere Hypothesen zunächst nicht abgedecktes Ergebnis weist die K-Gruppe auf. Die Daten geben Anlaß zur Vermutung, daß Krankenpflegepersonal über ein nur gering entwickeltes Bewußtsein vom interaktiven Charakter praktischer Situationen verfügt, daß sie als Ausdruck ihrer beruflichen Sozialisation primär an Hypothesen fixiert sind, die den Einzelnen und die institutionellen Zusammenhänge in den Mittelpunkt stellen.

2.6. *Die Bedeutung der Ergebnisse für die supervisorische Didaktik*

Anhand des soeben präsentierten Datenmaterials läßt sich behaupten, daß durch unsere supervisorische Didaktik einige wesentliche, zielgerechte Effekte erzeugt werden konnten.

Es lassen sich aber, wie im vorhergehenden Abschnitt auch, Empfehlungen für die lernorganisatorische Strukturierung ableiten. Darüber hinaus ergeben sich auch Hinweise für die inhaltliche Schwerpunktsetzung von Supervisorenausbildungen und Supervisionsseminaren.

Da sich bei berufshomogenen Gruppen, wie hier der von Krankenpflegern, deutliche Verengungen der Perspektivität nachweisen lassen, scheint es voraussichtlich sinnvoller, beruflich gemischte Ausbildungsgruppen zu etablieren; denn auf diese Weise ergeben sich schon durch Auseinandersetzungen unter den Teilnehmern Anreicherungen der Perspektiven. Im anderen Fall ist zu befürchten, daß die bei den Teilnehmern bestehenden Sichtweisen durch kollektive Bestätigungsprozesse weiter verfestigt werden und nur schwer zu erweitern sind.

Wenn, etwa aus organisatorischen oder fachlichen Gründen, doch berufshomogene Gruppen zusammengestellt werden müssen, sollten inhaltlich solche theoretischen und methodischen Schwerpunkte gesetzt werden, die bei der betreffenden Berufsgruppe bislang nur schwach entwickelt sind. So ist etwa bei Krankenpflegern der Schwerpunkt auf interaktionale Konzepte zu legen.

Ein anderer gravierender Befund betrifft die supervisorische Didaktik bei Psychotherapeuten. In psychotherapeutischen Arbeitsfeldern besteht die Tendenz, für die Supervision therapeutischer Arbeit auch wieder Psychotherapeuten zu bemühen. So sinnfällig das aus Gründen von Feldkompetenz sein mag, zeigt sich doch in den vorhandenen Daten, daß zumindest humanistisch orientierte Psychotherapeuten zur individualisierenden Hypothesenbildung neigen und Systemzusammenhänge spontan nicht berücksichtigen.

Hier ist es sinnvoll, Supervisionsausbildungen oder Seminarserien anzubieten, die inhaltlich dem institutionellen Charakter therapeutischer und beratender Arbeit in besonderer Weise Rechnung tragen (vgl. SCHREYÖGG 1989).

3. Untersuchungen zur Hypothesen-Gruppe C

Gegenstand dieser Hypothesen-Gruppe ist die Frage, ob für Experten mit unterschiedlicher „Horizontstruktur" die zur Hypothesengruppe B beschriebenen Veränderungen der Deutungshaltungen und -muster von Kandidaten wahrnehmbar sind.

Für diese Untersuchung formulierten wir zwei Hypothesen:

a. Die Veränderung von Deutungshaltungen und -mustern, die Kandidaten im Verlauf von Supervisionsausbildungsprozessen gegenüber Praxissituationen erwerben, sind für „Experten" mit unterschiedlicher Aus- und Zusatzausbildung wahrnehmbar.
b. Die von uns postulierten Veränderungen der Kandidaten können aber von den „Experten" umfassender wahrgenommen und positiv gewürdigt werden, die „konzept-nah" orientiert sind, als von denen, die als „konzept-fern" zu bezeichnen sind.

Als „Experten" bezeichnen wir Personen, die mehr als zehn Jahre in sozialen Arbeitsfeldern tätig sind und länger als drei Jahre selbst Supervision erhielten. Als „konzept-nahe Experten" hatten wir solche charakterisiert, die qua Zusatzausbildung schon in einen phänomenologisch orientierten Ansatz „hineinsozialisiert" wurden, als „konzept-fern" solche, die über keine derartige Zusatzausbildung verfügen.

3.1. Die Teilnehmer bzw. „Experten"

Wir befragten 6 Experten, von denen sich drei, A, B, C, der einen Expertenkategorie und drei, D, E, F, der anderen zuordnen lassen. Sie sollen zunächst in untersuchungsrelevanten Punkten charakterisiert werden:

a. Die „konzept-nahen" Experten
Zu dieser Gruppe befragten wir drei Gestalttherapeuten, die eine gestalttherapeutische Zusatzausbildung an einem Institut mit phänomenologischer Orientierung absolvierten oder absolvieren (vgl. PETZOLD 1978). Neben dieser Gemeinsamkeit weisen sie eine Reihe von Unterschiedlichkeiten auf. Sie sind unterschiedlich lange mit dem Ansatz in Berührung, verfügen über unterschiedliche Ausbildungen, verschiedene aktuelle Berufstätigkeiten und haben unterschiedliche Supervisionserfahrungen, also:

A. ein Pädagoge; Beginn der gestalttherapeutischen Zusatzausbildung vor 20 Jahren; Lehrtherapeut für Gestalttherapie; Systemsupervisor; jahrelange Erfahrung als Supervisand und Supervisor in verschiedensten Kontexten, freiberuflicher Psychotherapeut und Supervisor; Kursleiter und Lehreinzelsupervisor für Integrative Supervision.

B. ein Sozialwissenschaftler; Beginn der gestalttherapeutischen Zusatzausbildung vor 9 Jahren; Gruppendynamiker; Systemsupervisor; jahrelange Erfahrung als Supervisand und Supervisor in der Ausbildung; Professor einer Fachhochschule und nebenberuflicher Gestalttherapeut und Supervisor; Kursleiter und Lehreinzelsupervisor für Integrative Supervision; Autor mehrerer Publikationen im Bereich Supervision.

C. eine Psychologin; Beginn der gestalttherapeutischen Zusatzausbildung vor 8 Jahren; jahrelange Erfahrung als Supervisandin und Supervisorin in der Ausbildung; Dozentin einer Fachakademie für Sozialpädagogik; nebenberufliche Gestalttherapeutin und Supervisorin.

b. Die „konzept-fernen" Experten
Als „konzept-ferne" Experten befragten wir solche, die nicht qua Zusatzausbildung in einen phänomenologischen Ansatz sozialisiert wurden, aber doch über Supervisionserfahrung, zumindest als Supervisand, verfügen. Für unsere Auswahl war entscheidend, daß

diese Experten über einen anderen Fortbildungshintergrund als die erste Gruppe verfügen. Und es war entscheidend, daß dieser wiederum bei den drei Experten stark variiert.

D. eine Psychologin; verhaltenstherapeutische Zusatzqualifikation; Schulpsychologin; jahrelange Erfahrung als Supervisandin.

E. ein Sozialpädagoge (Mag.); Fortbildung im Bereich der Balint-Gruppenarbeit; Dozent einer Fachakademie für Sozialpädagogik; jahrelange Erfahrung als Supervisand und als Supervisor im Ausbildungssektor.

F. eine Sozialpädagogin; Fortbildung im Bereich humanistisch-orientierter Selbsterfahrung; derzeit Geschäftsfrau; jahrelange Erfahrung als Supervisandin und Supervisorin im Ausbildungsbereich.

3.2. *Das Untersuchungsinstrumentarium und sein zeitlicher Einsatz*

Diesen Experten wurden die beiden Antworten-Serien auf das Fallbeispiel (zu Beginn des Seminars und nach fünf Tagen) der Gruppe „Graz", also der pastoraltherapeutischen Fortbildungsgruppe, vorgelegt. Sie erhielten maschinengeschriebene Transkripte beider Serien mit der Bitte übersandt, die 1. Antwortenserie mit der 2. zu vergleichen und zu untersuchen, ob Unterschiede zu erkennen sind. Wenn sie das bejahen konnten, wurden sie gebeten, versuchsweise Kategorien zu bilden, mit denen sie die Unterschiede der beiden Serien charakterisieren könnten.

3.3. *Die Auswertungsweise*

Die z.T. sehr ausführlichen Darstellungen der Experten mußten zum Zweck eines Vergleiches auch wieder systematisiert werden. Wir nahmen dabei eine Gliederung entsprechend unserer Hypothesen-Gruppe B vor und fügten noch eine Kategorie „Sonstiges" hinzu, in der von uns noch nicht hypostasierte Effekte erfaßt wurden. So gliederten wir die Experten-Kategorien wieder nach folgenden Gesichtspunkten:

a. Unterschiedlichkeit der Serien wurde bestätigt oder nicht;
b. Veränderungen der *Deutungshaltung* wurden erfaßt oder nicht, wenn ja, wie wurden sie bewertet:

- Abnahme grober Typisierungen wurde gesehen und in ihrer Bedeutung erfaßt oder nicht;
- wurden zunehmende Nachfragen gesehen und in ihrer Bedeutung erfaßt;
- wurde zunehmende Hypothesen-Systematisierung gesehen und in ihrer Bedeutung erfaßt?

c. Wurden Veränderungen der *Deutungsmuster* erfaßt und wie wurden sie bewertet:

- Wurde Zunahme der Hypothesenbildung gesehen und in ihrer Bedeutung erfaßt?
- wurde Zunahme der Konstruktionen 2. Ordnung gesehen und in ihrer Bedeutung erfaßt;
- wurde Zunahme der Mehrperspektivität gesehen und in ihrer Bedeutung erfaßt?

d. Sonstige Kategorien.

3.4. Die Untersuchungsergebnisse

Die Untersuchungsergebnisse wollen wir zunächst nach den beiden Gruppen „konzept-naher" und „konzept-ferner" Experten differenziert darstellen:

3.4.1. Ergebnisse der „konzept-nahen" Experten

ad a. *Allgemeine Bestätigung von Effekten*
A, B, C bestätigen deutliche Unterschiede zwischen den Statements der ersten und zweiten Serie.

ad b. *Wurden Veränderungen der Deutungshaltung wahrgenommen und wie wurden sie bewertet?*

- A, B, C betonen, daß die erste Serie deutlicher durch *Typisierungen* charakterisiert ist, die bei der zweiten Serie stark abnehmen. A, B, C werten dies als positive Veränderung im Sinne einer „reflexiveren Beurteilungshaltung".
- A und C konstatieren, daß sich in der ersten Serie viel weniger *Nachfragen* finden als in der zweiten. A und C werten die deutliche Zunahme an Nachfragen als positive Veränderung im Sinne einer „phänomenologischen Haltung".

- A, B, C betonen, daß die Hypothesenbildung der zweiten Serie wesentlich *systematischer* erfolgt, also reflexiver vorgenommen ist. Auch dies wurde jeweils als positiver Effekt vermerkt, der eine „professionellere Sicht“ signalisiert.

ad c. *Wurden Veränderungen der Deutungsmuster wahrgenommen und wie wurden sie bewertet?*

- A und C betonen, daß die *Anzahl von Hypothesen* bei der 2. Serie deutlich zunimmt und werten dies als positiven Effekt im Sinne „breiterer Reflexionsmöglichkeiten“.
- A, B, C beschreiben, daß die *Anzahl von Konstruktionen 2. Ordnung* bei der 2. Serie deutlich höher ist, also beim zweiten Mal mehr theoretische Muster verwendet wurden. Sie bewerten dies übereinstimmend als „Verbesserung der professionellen Sichtweise“.
- A, B, C vermerken übereinstimmend, daß bei der ersten Serie die individualisierenden Hypothesen, persönlicher oder fachlicher Art, weit überwiegen, während bei der zweiten Serie der Bezug zwischen Hauptfigur und Gruppe, wie auch der organisatorische Kontext als Gegenstand der Hypothesenbildung hinzukommt. Sie bewerten die *Zunahme der Mehrperspektivität* übereinstimmend als positiv.

ad d. *Sonstige Kategorien*

A betont, daß die Hypothesen der ersten Kategorie auf dem Hintergrund einer Identifikation mit der Dozentin vielfältige, diffus projektive Stereotypien auf kirchliche Zusammenhänge enthalten, was sich bei der zweiten Serie verliert. Es wird eine reflexive Distanz, d.h. eine „exzentrische Position“ gegenüber der Gesamtsituation gewonnen.

B stellt heraus, daß bei der zweiten Serie überhaupt erst arbeitsweltspezifische Hypothesen und Nachfragen entwickelt werden, während die erste Serie durch eine „diffus privatistische Sicht“ charakterisiert sei.

3.4.2. Ergebnisse der „konzept-fernen“ Experten

ad a. *Allgemeine Bestätigung von Veränderungen*

Auch D, E, F nehmen deutliche Veränderungen wahr.

ad b. *Wurden Veränderungen der Deutungshaltung erfaßt und wie wurden sie bewertet?*

- D, E, F sehen bei der zweiten Serie weniger *Typisierungen* als bei der ersten, was sie positiv, als „professioneller" oder „fachlicher" bewerten.
- Hier fällt nur D auf, daß bei der zweiten Serie mehr *Nachfragen* als Hypothesen gebildet werden. Die Expertin merkt diese Beobachtung aber als „eigenartig", also als unerklärlich an.
- D, E, F nehmen wahr, daß die zweite Serie *systematischere Hypothesenbildungen* enthält. D und E werten dies als positive Veränderung im Sinne einer professionelleren Haltung. F dagegen findet, daß „dadurch die Spontaneität der Antworten verlorengeht", gesteht aber zu, daß die Hypothesenbildung dadurch bei einigen Teilnehmern deutlich transparenter wird.

ad c. *Wurden Veränderungen der Deutungsmuster erfaßt und wie wurden sie bewertet?*

- D beschreibt, daß die *Anzahl der Hypothesenbildungen* generell zunimmt, was sie als „flexiblere Sicht" bewertet.
- D, E, F beschreiben eine Zunahme von *Konstruktionen 2. Ordnung*, also theoretischer Muster bei der Hypothesenbildung. D und E werten das positiv, als „fachlicher", F dagegen befürchtet dadurch „emotionale Reduktion".
- D, E, F fällt auf, daß bei der ersten Serie primär individuelle Hypothesen gebildet, während bei der zweiten auch die Gruppe und der organisatorische Kontext miteinbezogen werden. Also auch diese Experten konstatieren einen Zugewinn an *Mehrperspektivität*. Werten D und E dies als Verbesserung „arbeitsfeldspezifischer Perspektiven" und „Ausdruck einer übergreifenden Problemsicht", findet F dies „fast verengt fachspezifisch".

ad d. *Sonstige Kategorien*

- D fällt positiv auf, daß die Hypothesen der ersten Serie stark auf fachliche wie persönliche Defizite der Hauptfigur gerichtet sind, während bei der zweiten Serie eine generell breitere Haltung auch bei individualisierenden Hypothesen eingenommen wird.
- E merkt positiv an, daß die Interaktionspartner der Titelfigur, also die Gruppe, bei der zweiten Serie sehr viel differenzierter Gegenstand von Hypothesenbildungen wird.

- F merkt kritisch an, daß bei der zweiten Serie „die Spontaneität" der Teilnehmer verlorengeht, zugunsten einer Fülle sozialwissenschaftlicher Perspektiven.

3.5. Diskussion der Ergebnisse

Alle sechs Experten bestätigten, daß sich von der ersten zur zweiten Serie Veränderungen beobachten lassen.

Innerhalb der „konzept-nahen" und der „konzept-fernen" Gruppe finden wir folgende Differenzen:

Bei den „konzept-nahen" Experten erfolgten durch A und C Nennungen, die zur Gänze unseren Hypothesen entgegenkamen. B konnte ebenfalls die von uns hypostasierten Veränderungen wahrnehmen, beschränkte sich jedoch anscheinend mehr auf qualitative Aspekte, so daß ihm die mengenmäßige Zunahme von Hypothesenbildungen und Nachfragen nicht aufgefallen ist.

Von dieser Expertengruppe wurden alle beobachteten Effekte als günstig bewertet. Zum Teil erfolgten sogar „konzept-konforme" Bewertungen wie, „Die phänomenologische Haltung hat sich verbessert", oder „Die zweite Serie ist mehrperspektivischer".

Unter den *„konzept-fernen"* Experten ergibt sich ein nuanciert anderes Bild:

Auch hier beobachten alle drei eine Abnahme von Stereotypien und eine Zunahme der Hypothesen-Systematisierung. Die Zunahme der Nachfragen fällt jedoch nur einer Expertin auf, was sie ausdrücklich als „nicht erklärbaren Effekt" benennt. Auch die quantitative Zunahme von Hypothesenbildungen fällt der Expertin D auf. Dies wertet sie explizit als positiv. Die Zunahme an theoretischen Deutungsmustern gegenüber Alltagshypothesen fällt allen drei „konzept-fremden" Experten auf. Diesen Umstand werten D und E als „fachliche Verbesserung", F dagegen befürchtet dadurch „emotionale Reduktion".

Und auch diese Experten nehmen wahr, daß sich die Mehrperspektivität erhöht, daß zuerst überwiegend individuelle, bei der zweiten Serie viel mehr interaktionale und systemische Hypothesen gebildet werden. Erfolgt auch hier seitens D und E eine positive Wertung, wendet F kritisch ein, daß „die Gefahr fachspezifischer Verengung" besteht.

Auf dem Hintergrund dieser kleinen Expertenbefragung läßt sich *zusammenfassend* behaupten, daß Experten aus sozialen Arbeitsfeldern mit unterschiedlichen Vor- und Fortbildungserfahrungen Veränderungen der Deutungshaltungen und -muster bei Supervisionsausbildungskandidaten wahrnehmen konnten. Insofern wird unserer Hypothese a. umfassend entgegengekommen.

Eine Bestätigung der Hypothese b. dagegen ist differenzierter zu beurteilen. Die „konzept-nahen" Experten kommen tatsächlich, bis auf geringfügige Abweichungen bei B, unserer Hypothese b. entgegen.

Unter den *„konzept-fernen"* Experten werden aber auch von D, der Verhaltenstherapeutin, wesentliche Effekte wahrgenommen und positiv bewertet. Lediglich die erhöhte Menge der Nachfragen ist ihr unerklärlich. Dieses phänomenologisch bedeutsame Faktum bleibt für sie uninterpretierbar.

E sieht aber auch alle qualitativen Effekte und bewertet sie positiv. Lediglich die quantitativen Veränderungen bei den Nachfragen und Hypothesenbildungen fallen ihm nicht auf. Hierin unterscheidet er sich aber nicht vom „konzept-nahen" Experten B.

So lassen sich also zwischen den *„konzept-nahen"* Experten und den *„konzept-fernen"* Experten D und E keine eklatanten Unterschiede beobachten.

Nur F nimmt eine Sonderstellung ein. Zwar kann auch diese Expertin hypothesengerechte Veränderungen in den Aussagen der Kandidaten wahrnehmen, bewertet sie aber eher kritisch, als, „Die Spontaneität geht verloren in der Fachlichkeit". Die zunehmende Rationalität und paradigmatische Erweiterung bis zur Systemsicht wird hier also eher kritisch gewertet.

In den Aussagen dieser Expertin finden wir vielleicht einen Beleg für die mehrfach geäußerte Vermutung (SCHREYÖGG 1989, 1991a, 1991b), die soeben zur Hypothesen-Gruppe B gerade empirisch belegt wurde, daß Personen, die stark an humanistisch-psychologischen Ansätzen orientiert sind und deren anthropologische Implikate nicht infragestellen, Emotionalität und Individualität überbetonen (GRAUMANN 1977). Dies könnte aber auch ein Hinweis sein, daß Personen mit einer solchen ideologischen Bindung die Effekte unseres Ansatzes kritisch beurteilen, bzw. Supervision auf unserem Konzepthintergrund nicht unbedingt nur positiv bewerten.

Zur Hypothese b. sind also sicher weitere, differenzierende Untersuchungen interessant.

V. Ausblick für weitere empirische Untersuchungen

Ich hatte die vorliegenden empirischen Untersuchungen ausdrücklich als „Erkundungsstudien“ bezeichnet, weil sie die ersten Schritte zur empirischen Überprüfung der Didaktik des Ansatzes darstellen. Es ist aber sicher lohnend, in Zukunft weitere und umfassendere Evaluationen vorzunehmen, um die postulierten Wirkungen weitergehend nachzuweisen. Darüber hinaus ist es aber sicher auch lohnend, „konzeptkritische“ Positionen zu untersuchen, d.h. sie kennenzulernen und gegebenenfalls didaktisch zu berücksichtigen.

So lassen sich nachfolgende Untersuchungen grundsätzlich mit zweifacher Absicht vornehmen:

- Sie können auf die weitere Untersuchung „konzeptimmanenter“ Effekte gerichtet sein und
- sie können in „konzeptkritischer“ Absicht erfolgen.

1. Untersuchungen mit „konzeptimmanenten“ Intentionen

Als Untersuchungen mit „konzeptimmanenten“ Zielen sind all die empirischen Vorhaben zu bezeichnen, die sich auf den Nachweis von Effekten richten, welche explizit oder implizit für das didaktische Konzept postuliert wurden.

Solche erweiternden Untersuchungen lassen sich nach
a. formalen und
b. inhaltlichen Gesichtspunkten unterscheiden.

ad a. Erweiterungen in formaler Hinsicht
Ein grundsätzliches formales Problem vorliegender Untersuchung besteht darin, daß in den meisten Teilen der Studie Autorin, Ausbilderin und Evaluatorin in einer Person die Untersuchung durchgeführt haben. Trotz aller wissenschaftlichen Redlichkeit lassen sich hierbei immer Erwünschtheitseffekte unterstellen, die schon bei rein quantitativen Untersuchungen kaum zu kontrollieren sind und bei qualitativen fast gar nicht ausbleiben können.

In diesem Sinne wäre wünschenswert, daß andere Personen als Evaluatoren fungierten und erneut Untersuchungen zu konzeptimmanenten Effekten durchführten.

ad b. Erweiterungen in inhaltlicher Hinsicht
Die hier vorgelegten Untersuchungen lassen sich aber auch in inhaltlicher Hinsicht erweitern und verfeinern.

ad b.a. Erweiterungen zur Hypothesen-Gruppe A

- Wie sich bei den Kandidaten die Selbstdefinition von Handlungssicherheit und Kompetenz in Verbindung mit einer realistischen Selbsteinschätzung entwickelt, könnte noch systematischer und tiefer erfaßt werden. Hier wäre denkbar, daß nach jeweils zehn Ausbildungstagen Skalenwerte erhoben werden, und durch Interviews, die das Erleben in konkreten Ausbildungssituationen abfragen, dieser Prozeß auch qualitativ ausdifferenziert wird. Ausbilder könnten so Hinweise erhalten, wie eine „konstruktive und reflexive" Deutungshaltung gegenüber dem eigenen Praxiskontext bei der Mehrzahl der Supervisanden verläuft, wie er zu unterstützen ist, aber eventuell auch „seine Zeit" braucht. Das Fazit solcher Untersuchung könnte sein, die durchschnittliche Dauer eines zielgerechten Ausbildungsprozesses noch besser abzuschätzen.
- Weiterhin ließe sich die Entwicklung der Verunsicherung, die durch den Ausbildungsprozeß erzeugt wird, umfassender ermitteln. Das Curriculum könnte dann im Hinblick auf angemessene, inhaltliche und/oder methodische Schwerpunktsetzungen modifiziert werden.
- Darüber hinaus ließen sich Unterschiede von Deutungshaltungen bei Kandidaten mit unterschiedlichen Aus-, Zusatzausbildungen und Berufserfahrungen genauer erkunden. Auf diesem Wege könnten einerseits die zur Hypothesen-Gruppe A geäußerten, lernorganisatorischen Empfehlungen erweitert werden. Es wäre aber auch denkbar, daß vergleichende Untersuchungen an berufsgemischten und berufshomogenen Ausbildungsgruppen den hier mehrfach geäußerten Verdacht erhärten, daß die Ausbildungsgruppe als „Lernfeld" primär dann sinnvoll genutzt werden kann, wenn die berufliche Horizontstruktur der Kandidaten-Gruppe als Gesamt eine gewisse Heterogenität aufweist.

ad b.b. Erweiterungen zur Hypothesen-Gruppe B

- Zur Hypothesen-Gruppe B, also zur Veränderung von Deutungshaltungen und -mustern gegenüber neuen praktischen Zusammenhängen, sollten vorrangig Nachuntersuchungen durch andere „konzept-nahe“ Personen an größeren Personengruppen erfolgen. Hierbei wäre interessant, ob andere Evaluatoren andere Veränderungskategorien als die Autorin bilden und dann zu anderen Ergebnissen kommen. Hier wäre auch denkbar, daß andere Untersuchungsinstrumente als die Fallbeispiele verwendet würden, etwa Bild- oder Filmmaterial, auf dem prägnante Problemkonstellationen wahrnehmbar sind. Durch solche Nachuntersuchungen mit anderem Untersuchungsdesign könnten die als zentral postulierten Effekte der Didaktik weitergehend bestätigt oder als irrelevant zurückgewiesen werden.
- Darüber hinaus wäre interessant zu untersuchen, als wie „haltbar“ sich Veränderungen von Deutungsmustern und -haltungen erweisen. So sollten also Nachuntersuchungen, nach einem größeren Zeitraum, nach etwa zwei oder drei Jahren stattfinden, bei denen diese Aspekte erneut erhoben werden. Solche Ergebnisse könnten Hinweise geben für die Anlage von Supervisionsausbildungen und -seminaren. Sie könnten aber auch Empfehlungen begründen, daß nach abgeschlossener Ausbildung spätere, kurzfristige „Auffrischungen“ sinnvoll sind usw.
- Solche Nachuntersuchungen wären auch sinnvoll im Hinblick auf die Horizontstruktur von Kandidaten. So ließe sich etwa je nach dem beruflichen Umfeld ermitteln, in welchen Feldern die Tendenz zu einseitigen Deutungsmustern und -haltungen besonders besteht und die qua Ausbildung erzeugten Effekte durch den „Sog“ des supervisorischen Feldes besonders schnell reduziert werden. Derartige Untersuchungen könnten für Ausbilder Anlaß sein, auf solche Effekte schon in der laufenden Ausbildung aufmerksam zu machen, bzw. ihnen inhaltlich und methodisch Rechnung zu tragen.

2. Untersuchungen mit „konzeptkritischen" Intentionen

Als Untersuchungen mit „konzeptkritischen" Intentionen bezeichne ich all die empirischen Untersuchungen, die durch ihre Anlage geeignet sind, die Didaktik mit ihren Effekten grundsätzlich infragezustellen, die sie also mit einer „Außensicht" konfrontieren.

Solche Intentionen wurden schon mit der Expertenevaluation verfolgt. Dabei zeigte sich ja auch tatsächlich, daß eine Expertin mit Selbsterfahrungshintergrund die Effekte der Didaktik keineswegs nur positiv beurteilte, sondern einige Bedenken anmeldete.

Hier wäre denkbar, daß die Didaktik, bzw. ihre Effekte von Personen mit unterschiedlicher Horizontstruktur evaluiert werden. Solche Untersuchungen könnten zunächst, auch wieder im Sinne von „Erkundung", an Personen aus unterschiedlichen Berufsgruppen, unterschiedlichen Arbeitsfeldern, aus unterschiedlichen psychotherapeutischen oder supervisorischen Schulen usw. durchgeführt werden.

Als Design wäre vorstellbar, daß anläßlich von Fachtagungen mit „gemischtem Publikum" Videofilme mit Sitzungen von Supervisionsausbildungsgruppen oder Life-Vorführungen mitzuerleben sind und eine anschließende schriftliche Befragung erfolgt, bei der Beruf, Arbeitsfeld und Vorbildung ermittelt werden. Die Befragung könnte nach folgenden Kategorien vorgenommen werden: „Wie hat Ihnen die Sequenz gefallen, wie hätten Sie sich in der Rolle der Ausbildungskandidaten gefühlt, wie fanden Sie die Interaktionen zwischen Ausbildungsleiter und den Kandidaten sowie der Kandidaten untereinander, wie beurteilen Sie die gelehrte Thematik, wie fanden Sie die Methodik, wie beurteilen Sie das Ergebnis der Sitzung?"

Wie zur Hypothesen-Gruppe C schon geäußert, könnte eine speziell zu testende Hypothese sein, daß Personen mit ausgeprägter Bindung an humanistisch-psychologische Ansätze oder andere, eher individualisierende Konzepte, die Effekte unserer Didaktik eher kritisch beurteilen. Zur Prüfung dieser These wäre eine Reihe einschlägiger „Experten" um ihre Beurteilung zu bitten. Das Beurteilungsmaterial könnte, wie hier demonstriert, in Fallbearbeitungen von Ausbildungskandidaten bestehen. Es könnte aber auch hier auf Videofilme von Ausbildungssitzungen zurückgegriffen werden. Die Experten müßten dann, analog zu unserer Untersuchung, gebeten werden, Kategorien der beobachteten Effekte zu bilden.

Anhand von Untersuchungen mit konzeptkritischen Intentionen ließe sich umfassender ermitteln, welche Personen mit welcher Horizontstruktur die postulierten Effekte unserer Didaktik begrüßen und welche sie kritisch beurteilen. Solche Studien könnten die Grundlage zur Beratung von Bewerbern bilden, d.h. für Bewerber mit bestimmten konzeptionellen Einbettungen ließen sich differenziertere Kriterien für die Entscheidung für oder gegen eine Ausbildung in dem beschriebenen Ansatz formulieren.

Literatur

Adi-Amini, B., Ebenen didaktischer Theoriebildung, in: *Lenzen, D.* (Hrsg.), Enzyklopädie Erziehungswissenschaft, Handbuch und Lexikon der Erziehung, Bd. 3, Ziele und Inhalte der Erziehung und des Unterrichts, Stuttgart 1986

Adorno, Th.W., Einleitung in die Musiksoziologie, Hamburg 1971

Allison, G.T., Drei Modelle zur Analyse politischer Prozesse, in: *Badura, B.* (Hrsg.), Seminar. Angewandte Sozialforschung, Frankfurt/M. 1976

Apel, K.-O., Szientistik, Hermeneutik, Ideologiekritik. Entwurf einer Wissenschaftslehre in erkenntnisanthropologischer Sicht. in: *Apel, K.-O.* (Hrsg.), Hermeneutik und Ideologiekritik, Frankfurt 1973

Apel, K.-O., Böhler, D., Rebel, K.-H. (Hrsg.), Praktische Philosophie/Ethik, Studientexte 1-3, Funkkolleg, Weinheim und Basel 1984

Belardi, N., Supervision – Von der Praxisberatung zur Organisationsentwicklung, Paderborn 1992

Belleville, P., Formen der Animation in Frankreich, in: *Lenzen, D.* (Hrsg.), Enzyklopädie Erziehungswissenschaft, Handbuch und Lexikon der Erziehung, Bd. 11, Erwachsenenbildung, 2. Aufl., Stuttgart 1992

Berger, P., Luckmann, T., Die gesellschaftliche Konstruktion der Wirklichkeit, Frankfurt/M. 1979 (Orig. 1966)

Blankenburg, W., Phänomenologie der Lebenswelt-Bezogenheit des Menschen und der Psychopathologie, in: *Grathoff, R., Waldenfels, B.* (Hrsg.), Sozialität und Intersubjektivität, München 1983

Blankertz, H., Theorien und Modelle der Didaktik, 6. Aufl., München 1972

Böhme, G., Anthropologie in pragmatischer Hinsicht, Frankfurt/M. 1985

Böttcher, W., Leuschner, G. (Hrsg.), Lehrsupervision – Beiträge zur Konzeptentwicklung, 2. Aufl., Aachen 1990

Brügelmann, H., Offene Curricula, in: *Zeitschrift f. Päd.*, 1972, S. 95-98

Buer, F., Psychodramatische Konzepte und Methoden in der Supervision, in: *Integrative Therapie* 3-4/1989, S. 336-344

Coenen, H., Diesseits von subjektivem Sinn und kollektivem Zwang, München 1985a

Coenen, H., Leiblichkeit und Sozialität, Ein Grundproblem der phänomenologischen Soziologie, in: *Petzold, H.* (Hrsg.), Leiblichkeit, Paderborn 1985b

Cohn, R., Von der Psychoanalyse zur Themen-zentrierten Interaktion, Stuttgart 1975

Elias, N., Die Geschichte der Zivilisation, Bd. 1., Frankfurt/M. 1976

Gasch, B., Berufsaufgaben des Psychologen (= Studieneinheit ‚Berufsaufgaben und Berufsfelder des Psychologen' Kapitel AUFG/3), in: *Kugemann, W.F., Toman, W.* (Hrsg.), Studienmaterialien FIM-Psychologie, Erlangen, Tübingen 1982

Geißler, K.A., Ebner, H.G., Interaktionsstrukturen in der Erwachsenenbildung, in: *Lenzen, D.* (Hrsg.), Enzyklopädie Erziehungswissenschaft, Handbuch und Lexikon der Erziehung, Bd. 11, Erwachsenenbildung, 2. Aufl., Stuttgart 1992

Graumann, C.F., Grundlagen einer Phänomenologie und Psychologie der Perspektivität, Berlin 1960

Graumann, C.F., Metraux, A., Die phänomenologische Orientierung in der Psychologie, in: *Schneewind, K.A.* (Hrsg.), Wissenschaftstheoretische Grundlagen in der Psychologie, München 1977

Grawe, K., Heuristische Psychotherapie, in: *Integrative Therapie* 4/1988, S. 309-324

Habermas, J., Arbeit und Interaktion, in: *Habermas, J.* (Hrsg.), Technik und Wissenschaft als Ideologie, Frankfurt/M. 1968

Habermas, J., Theorie des kommunikativen Handelns, Bd. 1 und 2, Frankfurt/M. 1981
Hämmerling-Balzert, Ch., Grundlagen, Probleme und Ergebnisse der psychoanalytischen Therapie, in: *Pongratz, L.J.* (Hrsg.), Handbuch der Psychologie, Klinische Psychologie, 2. Halbband, Göttingen 1978
Hagehülsmann, H., Begriff und Funktion von Menschenbildern in Psychologie und Psychotherapie, in: *Petzold, H.* (Hrsg.), Wege zum Menschen, Bd. 1, Paderborn 1984
Hendricks, W., Interview mit Wolfgang Klafki über Probleme und neue Aspekte der „Didaktischen Analyse", in: *Die Deutsche Schule*, 3/1972, S. 139-141
Herrmann, T., Die Phänomenologie als kritische Methode, Bericht über den 16. internat. Kongreß für Psychologie in Amsterdam, 1962
Herzog, W., Die wissenschaftstheoretische Problematik der Integration psychotherapeutischer Methoden, in: *Petzold, H.* (Hrsg.), Methodenintegration in der Psychotherapie, Paderborn 1982
Herzog, W., Modell und Theorie in der Psychologie, Göttingen, Toronto, Zürich 1984
Höffe, O., Ethik und Politik, Grundmodelle und -probleme der praktischen Philosophie, Frankfurt/M. 1979
Huisken, F., Zur Kritik bürgerlicher Didaktik und Bildungsökonomie, München 1972
Kernberg, O.F., Borderline-Störungen und pathologischer Narzißmus, Frankfurt/M. 1983 (Orig. 1975)
Kernberg, O.F., Innere Welt und äußere Realität, München, Wien 1988 (Orig. 1980)
Kieser, A., Kubicek, H., Organisation, 2. Aufl., Berlin, New York 1983
Klafki, W., Studien zur Bildungstheorie und Didaktik, Weinheim 1963
Kohut, H., Narzißmus, Frankfurt/M. 1973 (Orig. 1971)
Krech, D., et. al., Grundlagen der Psychologie, Bd. 1, Theoretische Grundlagen und Entwicklungspsychologie, Weinheim, Basel 1985
Kugemann, W.F., Evaluation und komplexe Lebenswirklichkeit – Irrwege und Wege einer angewandten Forschungsmethodik, in: *Kugemann, W.F., Preiser, S., Schneewind, K.A.*, Psychologie und komplexe Lebenswirklichkeit, Göttingen 1985
Lemke, D., Lernziel, in: *Lenzen, D.* (Hrsg.), Enzyklopädie Erziehungswissenschaft, Handbuch und Lexikon der Erziehung, Bd. 3, Ziele und Inhalte der Erziehung und des Unterrichts, Stuttgart 1986
Linschoten, J., Auf dem Wege zu einer phänomenologischen Psychologie, Bern 1961
Lippenmeier, N., Kontraktlernen in der Lehrsupervision, in: *Supervision* 22/1992, S. 69ff
Lockowandt, O., Zum Methodenproblem der „humanistischen Psychologie", in: *Petzold, H.* (Hrsg.), Methodenintegration in der Psychotherapie, Paderborn 1982
Lösel, F., Zur Kontroverse um eine gegenstandsangemessene psychologische Forschung, in: *Kugemann, W.F., Preiser, S., Schneewind, K.A.* (Hrsg.), Psychologie und komplexe Lebenswirklichkeit, Göttingen, Toronto, Zürich 1985
Lorenzen, P., Autonomie und empirische Sozialforschung, in: *Mittelstraß, J.* (Hrsg.), Methodologische Probleme einer normativ kritischen Gesellschaftstheorie, Frankfurt/M. 1975
Lorenzer, A., Sprachzerstörung und Rekonstruktion, Frankfurt/M. 1970
Luhmann, N., Liebe als Passion. Zur Codierung von Intimität, Frankfurt/M. 1982
Mead, G.H., Geist, Identität und Gesellschaft, Frankfurt/M. 1973
Merleau-Ponty, M., Die Struktur des Verhaltens, Berlin 1976 (Orig. 1942)
Meyer, H.L., Einführung in die Curriculum-Methodologie, München 1972
Möller, Ch., Technik der Lernplanung, Weinheim 1969
Otto, G., Schulz, W., Der Beitrag der Curriculumforschung, in: *Lenzen, D.* (Hrsg.), Enzyklopädie Erziehungswissenschaft, Handbuch und Lexikon der Erziehung, Bd. 3, Ziele und Inhalte der Erziehung und des Unterrichts, Stuttgart 1986

Pages, M., Das affektive Leben der Gruppen, Stuttgart 1974 (Orig. 1968)
Petzold, H., Curriculum – Supervision, FPI/EAG, ohne Jahr
Petzold, H., Die Medien in der Integrativen Pädagogik, in: *Petzold, H., Brown, G.I.* (Hrsg.), Gestaltpädagogik, Konzepte der Integrativen Erziehung, München 1977
Petzold, H., Das Korrespondenzmodell in der Integrativen Agogik, in: *Integrative Therapie,* 1/1978, S. 21–58
Petzold, H., Psychodrama-Therapie, Paderborn 1979
Petzold, H., Die Rolle des Therapeuten, in: *Petzold, H.* (Hrsg.), Die Rolle des Therapeuten und die therapeutische Beziehung, Paderborn 1980
Petzold, H., Integrative Dramatherapie – Überlegungen und Konzepte zu einem Integrativen Ansatz erlebnisaktivierender Therapie, in: *IT* 1, 1981, S. 46-61
Petzold, H., Modelle und Konzepte zu integrativen Ansätzen der Therapie, in: *Petzold, H.* (Hrsg.), Methodenintegration in der Psychotherapie, Paderborn 1982
Petzold, H., Die Gestalttherapie von Fritz Perls, Lore Perls und Paul Goodman, in: *Integrative Therapie,* 1-2/1984 a, S. 5-72
Petzold, H., Psychodrama, Die ganze Welt ist eine Bühne, in: *Petzold, H.* (Hrsg.), Wege zum Menschen, Bd. I, Paderborn 1984 b
Petzold, H., Heinl, H., Psychotherapie und Arbeitswelt, Paderborn 1983
Petzold, H, Orth, I., Poesie und Therapie, Paderborn 1984
Petzold, H., Schneewind, U.J., Konzepte zur Gruppe und Formen der Gruppenarbeit in der Integrativen Therapie und Gestalttherapie, in: *Petzold, H., Frühmann, R.* (Hrsg.), Modelle der Gruppe, Bd. 1., Paderborn 1986
Petzold, H., Konzepte zu einer mehrperspektivischen Hermeneutik leiblicher Erfahrung und nicht-sprachlichen Ausdrucks in der „Integrativen Therapie", in: *Kühn, R., Petzold, H.* (Hrsg.), Psychotherapie und Philosophie, Paderborn 1992
Petzold, H., Integrative Therapie, Paderborn 1993
Plessner, H., Zwischen Philosophie und Gesellschaft, Bern 1953
Pope, K.S., Bouhoutsos, J.C., Als hätte ich mit einem Gott geschlafen, Hamburg 1992
Popper, K.R., Logik der Forschung, Tübingen 1969
Potthoff, W., Erfolgskontrolle, Workshop, Materialien 13, Ravensburg 1974
Richter, H.E., Eltern, Kind, Neurose, Hamburg 1969
Richter, K.F., Fallner, H., Kreative Medien in der Supervision, Hille 1989
Robinsohn, S.B., Ein Struktur-Konzept für Curriculum-Entwicklung, in: *Zeitschr. f. Päd.*, 1969, S. 631ff
Schein, E.H., Coming to a new awareness of organizational culture, in: *Sloane Management Review,* 25. Jg., 2/1984, S. 4-10
Schmidt, R., Weinberg, J., Weiterbildung als Lernhandeln, Münster 1978
Schmidbauer, W., Die hilflosen Helfer, Hamburg 1977
Schmitz, H., System der Philosophie, V. Teil, Die Wahrnehmung, Bonn 1978
Schneewind, K.A., Zum Verhältnis von Psychologie und Wissenschaftstheorie, in: *Schneewind, K.A.* (Hrsg.), Wissenschaftstheoretische Grundlagen der Psychologie, München 1977
Schreyögg, A., Kontrollanalyse – Protokoll einer Lehrtherapeuten-Fortbildung, in: *Gestaltbulletin* 1987, S. 114-119
Schreyögg, A., Die Supervision therapeutischer Arbeit in Organisationen, in: *Integrative Therapie,* 3-4/1989, S. 1-24
Schreyögg, A., Organisationsanalytische Perspektiven in der Supervision von Suchtkliniken, in: *Suchtgefahren* 36/1990, S. 107-122
Schreyögg, A., Supervision – ein integratives Modell, Lehrbuch zu Theorie und Praxis, Paderborn 1991a

Schreyögg, A., Integrative Gestaltsupervision, Inauguraldissertation, Dortmund 1991b
Schreyögg, A., Die Supervision von Therapie-Systemen als moderne Form der Organisationsberatung – am Beispiel von stationären Einrichtungen der Suchtkrankentherapie, in: *Wilker, F.-C.* (Hrsg.), Supervision in der Praxis, Göttingen 1993a
Schreyögg, A., Selbsterfahrung in der Supervisorenausbildung, in: *Gruppendynamik* 1993b
Schreyögg, G., Unternehmenskultur, Film (Gabler), Wiesbaden 1987
Schreyögg, G., Unternehmenskultur II., Film (Gabler), Wiesbaden 1989
Schütz, A., Der sinnhafte Aufbau der sozialen Welt, Frankfurt/M. 1981 (Orig. 1932)
Seiffge-Krenke, I., Probleme und Ergebnisse der Kreativitätsforschung, Bern 1974
Siebert, H., Erwachsenenpädagogische Didaktik, in: *Lenzen, D.* (Hrsg.), Enzyklopädie Erziehungswissenschaft, Handbuch und Lexikon der Erziehung, Bd. 11., Erwachsenenbildung, 2. Aufl., Stuttgart 1992
Smith, Ch.M./Broudy, H.S., Philosophy of Education. An Organization of Topics and Selected Sources Supplement, Urbana 1969
Strasser, S., Phänomenologie und die Erfahrungswissenschaft vom Menschen, Berlin 1962
Süss, H.J., Martin, K., Gestalttherapie, in: Hdb. d. Psychol., Bd. 8, 2. Halbbd., Klinische Psychologie, Göttingen 1978
Terhart, E., Der Stand der Lehr-Lern-Forschung, in: *Lenzen, D.* (Hrsg.), Enzyklopädie Erziehungswissenschaft, Handbuch und Lexikon der Erziehung, Bd. 3, Ziele und Inhalte der Erziehung und des Unterrichts, Stuttgart 1986
Textor, M.R., Psychotherapie – Charakteristika und neue Entwicklungen, in: *Integrative Therapie* 4/1988, S. 269-280
Thomä, H., Kächele, H., Lehrbuch der psychoanalytischen Therapie, Bd. 1, Grundlagen, 2. Aufl., Berlin, Heidelberg 1988
Tietgens, H., Institutionelle Strukturen der Erwachsenenbildung, in: *Lenzen, D.* (Hrsg.), Enzyklopädie Erziehungswissenschaft, Handbuch und Lexikon der Erziehung, Bd. 11, Erwachsenenbildung, 2. Aufl., Stuttgart 1992a
Tietgens, H., Teilnehmerorientierung, in: *Lenzen, D.* (Hrsg.), Enzyklopädie Erziehungswissenschaft, Bd. 11, Erwachsenenbildung, 2. Aufl., Stuttgart 1992b
Traxel, W., Einführung in die Methodik der Psychologie, Stuttgart, Bern 1964
Türk, K., Neuere Entwicklungen in der Organisationsforschung. Stuttgart 1989
Wallerstein, R.S. (ed.), Becoming a Psychoanalyst, a Study of Psychoanalytic Supervision, International University Press Inc., New York 1981
Weber, M., Wirtschaft und Gesellschaft, Grundriß der verstehenden Soziologie, 2. Halbbd., Tübingen 1976 (Orig. 1921)
Weigand, W., Lehrsupervision – Ein Spiegelbild der Profession, in: *Boettcher, W., Leuschner, G.* (Hrsg.), Lehrsupervision – Beiträge zur Konzeptentwicklung, 2. Aufl., Aachen 1990
Westphalen, K., Praxisnahe Curriculumentwicklung, Donauwörth 1973
Willke, H., Systemtheorie entwickelter Gesellschaften, München 1989
Windelband, W., Geschichte und Naturwissenschaft, in: Das Stiftungsfest der Kaiser-Wilhelm-Universität Straßburg, Straßburg 1894
Wundt, W., Naturwissenschaft und Psychologie, Leipzig 1903
Zimmermann et al., Von der Curriculumtheorie zur Unterrichtsplanung, Paderborn 1977

Personenverzeichnis

Sachwortregister

L

M

N

O

P

Q

R

S

T

U

V

W

Z